为推进建设中国特色社会主义法学理论体系作出新贡献

二〇〇九年八月 王胜俊

中国少年司法

2013 年第 2 辑　（总第 16 辑）

沈德咏　主编
黄尔梅　副主编
最高人民法院少年法庭指导小组　编

人民法院出版社

图书在版编目（CIP）数据

中国少年司法. 2013 年. 第 2 辑：总第 16 辑/沈德咏主编.
-北京：人民法院出版社,2013.12
ISBN 978-7-5109-0871-2

Ⅰ.①中… Ⅱ.①沈… Ⅲ.①青少年犯罪-司法制度
-研究-中国 Ⅳ.①D926.8

中国版本图书馆 CIP 数据核字（2013）第 310681 号

中国少年司法　2013 年第 2 辑（总第 16 辑）
主编　沈德咏　副主编　黄尔梅
最高人民法院少年法庭指导小组　编

责任编辑	肖瑾璟
出版发行	人民法院出版社
地　　址	北京市东城区东交民巷 27 号（100745）
电　　话	（010）67550562（责任编辑）　67550558（发行部查询）
	65223677（读者服务部）
网　　址	http://www.courtbook.com.cn
E-mail	courtpress@sohu.com
印　　刷	三河市国英印务有限公司
经　　销	新华书店
开　　本	787×1092 毫米　1/16
字　　数	209 千字
印　　张	12
版　　次	2013 年 12 月第 1 版　2013 年 12 月第 1 次印刷
书　　号	ISBN 978-7-5109-0871-2
定　　价	38.00 元

版权所有　侵权必究

目 录

【领导讲话】

在北京市高级人民法院未成年人案件审判庭成立仪式上
　　的讲话 ………………………………………………… 黄尔梅（1）
在恢复重建少年司法制度专业委员会以及新刑事诉讼法实施
　　与未成年人刑事司法一体化交流会上的致辞 …………… 胡云腾（4）

【理论与实务研究】

论少年审判工作综合考评体系构建 ……………………… 赵　俊（7）
我国未成年犯矫正制度之完善
　　——以美国青少年不良行为防治措施为素材
　　………………………………………… 张　明　姜慧芹（22）
论我国未成年人刑事案件社会调查制度之适用与完善
　　………………………………………… 蒋继业　王　佳（35）
未成年人犯罪记录封存制度的程序细化与完善
　　——以公、检、法新刑事诉讼法相关规定和解释为视角
　　………………………………………… 于建平　刘庆伟（45）

【改革与探索】

未成年人犯罪情况分析及对策建议
　　……………………………………… 河南省高级人民法院课题组（54）
我国基层法院亲职教育的实践探索及立法建议
　　——以北京市海淀区法院为例 ………… 张学超　张　莹（71）

从矫正向修复的纵深推进
　　——立足未成年人帮教工作之困境 ………… 王　平　李晓萍（80）

【法条解读】

人性光辉下的法治实践
　　——解读未成年人刑事案件诉讼程序 …………………… 蒋　明（98）

【案例评析】

教育机构责任纠纷中如何判断未成年人对危险发生是否具有识别能力
　　——评陈某某与浏阳市艺术学校教育机构责任纠纷案
　　　　　　　　　　　　　　　　　　　　钟玺波　刘　霞（119）
未成年人民事案件审判社会观护工作典型案例评析 …… 顾薛磊（123）
轮奸案件中强奸未得逞者的犯罪形态如何认定
　　——评被告人李某某、毛某某强奸一案 …… 龙孝云　陆一君（128）

【域外考察与借鉴】

台湾地区少年审判制度及其启示 ……………………… 方　芳（134）
赴德考察培训少年审判情况的报告 ……………………… 谢　萍（150）
香港特别行政区未成年人监护条例 ………… 史志君（整理）（159）

【司法解释与答复】

最高人民法院　最高人民检察院
　　关于办理盗窃刑事案件适用法律若干问题的解释
　　（2013年3月18日） ………………………………………（174）
最高人民法院研究室
　　关于适用刑法第六十五条第一款有关问题的答复
　　（2013年6月19日） ………………………………………（178）

最高人民法院　最高人民检察院
　　关于办理敲诈勒索刑事案件适用法律若干问题的解释
　　　（2013年4月1日） ………………………………………（179）
最高人民法院　最高人民检察院
　　关于办理寻衅滋事刑事案件适用法律若干问题的解释
　　　（2013年4月28日） ……………………………………（181）
最高人民检察院
　　关于对涉嫌盗窃的不满16周岁未成年人采取刑事拘留
　　　强制措施是否违法问题的批复
　　　（2011年1月10日） ……………………………………（183）

【领导讲话】

在北京市高级人民法院未成年人案件审判庭成立仪式上的讲话

最高人民法院党组成员、副院长 黄尔梅

（2013年4月11日）

各位领导，同志们，大家上午好！

非常高兴受邀参加北京市高级法院未成年人案件审判庭的成立仪式。首先，我代表最高法院党组、最高法院少年法庭指导小组，对北京市高级法院正式成立未成年人案件审判庭表示热烈的祝贺！向一直以来关心支持少年法庭工作的各级领导、各位来宾表示衷心的感谢！向长期奋战在少年审判岗位上的同志们表示亲切的慰问！

未成年人是国家和民族的希望与未来，他们的健康成长，关系到亿万家庭的切身利益，关系到社会的和谐稳定。党和国家历来高度重视未成年人的培养、教育和保护工作，未成年人保护法和预防未成年人犯罪法明确要求加强未成年人的司法保护工作。当前，未成年人犯罪形势依然严峻，未成年人民事权益保护任务不断加重，面对新形势新任务，最高人民法院党组明确指出"少年法庭工作只能加强，不能削弱"，要求少年法庭工作必须贯彻好"坚持、完善、改革、发展"八字方针。

巩固并加强少年审判机构，是做好少年审判工作的基础，是少年司法审判事业不断发展的重要保证。1984年上海市长宁区人民法院成立第一个专门审判未成年人刑事案件的合议庭，后来发展为少年审判庭。1991年江苏省常州市天宁区人民法院建立第一个未成年人案件综合审判庭。2006年最高人民法院在总结各地法院未成年人案件审判机构经验的基础上，决定开展未成年人案件综合审判试点改革，对未成年人刑事、民事、行政案件实行集中管辖、集中审判，为涉诉未成年人提供更为全面、更加到位的司法保护。司法实践表明，开展未成年人案件综合审判工作，有利于全面提升对未成年人审判工作重要性的认识；有利于加强对未成年人权益的特殊司法保护；有利于集中力量探索适合涉诉未成年人健康成长需要的审判方式；有利于提高未成年人案件审判人员的专业化、职业化程度；有利于整合各方资源，形成对未成年人保护、教育、矫正、改造的合力。

高级法院在少年审判工作中的地位举足轻重，大力推进高级法院独立建制的少年法庭建设，是全国法院第六次少年法庭工作会议上明确的一项工作任务。今天，北京市高院率先在全国高院中正式成立独立建制的未成年人案件审判庭，综合审理未成年人刑事案件，涉及未成年人权益保护的民事、行政案件，并负责相关监督、指导、调研和审判延伸工作，代表了少年法庭发展的较高水平，体现了北京高院党组高度的社会责任感和历史使命感。这不仅是北京法院，也是全国法院少年法庭改革发展中的一件大事！它的成立，标志着北京市法院少年审判工作重心发生转变，从保障未成年被告人的诉讼权益为主，向全方位、多层面维护未成年人合法权益转变。它的成立，标志着我国少年法庭机构建设向更高层次迈进，具有重要的示范价值，必将进一步推动全国法院少年法庭工作的创新发展！

多年来，北京法院少年法庭开拓进取，创造性地开展工作，积累了丰富的经验，取得了良好的审判成效和制度建设成果，始终走在全国法院的前列。在新的起点上，面对新的机遇与挑战，希望北京高院以成立未成年人案件审判庭为契机，在今后的工作中，下更大决心，花更大力气，带动三级法院少年审判工作全面科学发展。

希望北京高院未成年人审判庭更加注重全面维权、综合保护，加强对未成年刑事被害人、证人以及民事、行政案件中未成年人的司法保护，确保涉及未成年人的民事、行政审判工作与刑事审判工作均衡发展。从尊重未成年人成长的基本规律出发，进一步研究未成年人案件的审判规律，加强理论探讨与实践总结，拓宽理论研究成果的转化渠道，保证优秀理论成果及时转化和科学指导未成年人审判实践，切实解决司法审判中遇到的实际问题。

希望北京高院进一步推动辖区基层法院机构、队伍建设。积极争取各级党委、人大、政府和有关部门的支持，努力解决基层法院少年法庭机构建设、人员流动、物质保障等方面的困难，力争做到全市基层法院未成年人案件综合审判庭全面覆盖，配备专业性、综合性、热爱少年法庭工作的法官队伍，同时保持队伍的相对稳定性。

最后，希望北京法院抓住机遇，锐意进取，不断推进全市少年法庭工作开创新局面，为推动中国特色少年司法审判制度的发展和完善，贡献新的更大的力量！

谢谢大家！

在恢复重建少年司法制度专业委员会以及新刑事诉讼法实施与未成年人刑事司法一体化交流会上的致辞

胡云腾[*]

（2013年7月27日）

各位领导，各位嘉宾，同志们：

上午好！今天，我们齐聚美丽的古城钦州，隆重召开新刑诉法实施与未成年人刑事司法一体化交流会，主要目的和任务是，学习考察钦州市未成年人司法工作的特色经验，共同研讨新刑诉法实施以来未成年人刑事司法理论与实践中的热点、难点问题，恢复重建中国预防青少年犯罪研究会少年司法制度专业委员会，为加强未成年人刑事司法保护搭建新的平台，进一步推动少年司法工作的改革、完善与发展。

当前，未成年人犯罪形势不容乐观，未成年人合法权益受侵害的现象非常突出，加强对未成年人合法权益保护的任务更加紧迫。加强对少年司法理论与实践研究，不断推出符合党和人民要求、符合宪法法律精神和未成年人健康成长需要的研究成果，推动解决当前少年司法理论与实践中的重大问题，为未成年人的健康成长、权益保护提供坚实的司法屏障，是党和国家及时代对我们提出的新要求，也是少年司法理论与实务界面临的共同责任和重要任务。借此机会，我结合少年司法制度专业委员会的工作开展以及贯彻落实新刑诉法的相关规定谈三点体会，与大家探讨。

---

[*] 最高人民法院研究室主任，预防青少年犯罪研究会副会长。

一、强化问题意识及少年司法应用研究，促进相关法律贯彻实施

少年司法是特色型司法，少年司法理论研究是应用法学研究，应当更加注重对现实问题的理论思考，密切跟踪少年司法新的实践和新的发展，从理论与实践的结合上提高对少年司法工作规律的认识和把握，正确回答和解决我们工作中产生的问题、难题。自今年1月1日实施以来，新刑诉法有关未成年人刑事案件诉讼程序的一些规定没有完全落实到位，迫切需要加强法律应用研究。

要着力研究如何落实"教育、感化、挽救"方针和"教育为主、惩罚为辅"原则的方式方法，注意从有利于未成年人权益保护及解决矛盾纠纷的角度对当事人进行教育和引导，突出教育的实效性，避免"走过场"；研究如何根据少年司法的特殊要求，选拔真正熟悉未成年人身心特点，并具备民事、刑事以及教育学、心理学、伦理学等知识的人员，充实到少年司法工作中，进一步提升少年司法队伍的专业化水平；研究如何落实强制辩护制度，确保涉罪未成年人在案件侦查、审查起诉以及法庭审判阶段都能得到法律援助；研究如何落实社会调查制度，努力解决好由谁调查、怎样调查、调查谁以及调查报告的诉讼定位问题，避免选择性执法；研究如何正确理解合适成年人到场制度，对合适成年人包括哪些人、合适成年人在什么情况下到场、合适成年人的诉讼角色、合适成年人的适用范围等问题要有清醒的认识和界分，充分发挥合适成年人在未成年人案件诉讼中的"见证、沟通、抚慰、监督"作用；研究如何正确适用不公开审理制度，对审判时被告人不满十八周岁的案件，一律不公开审理。同时也要考虑到法庭教育的需要，经未成年被告人及其法定代理人同意，未成年被告人所在学校和未成年人保护组织可以派代表到场；严格依法执行未成年人轻罪犯罪记录封存制度，认真研究解决封存的正当程序、封存的溯及力、封存解除的条件、封存档案范围以及合适成年人到场与轻罪犯罪记录封存的冲突等问题。

二、抓住少年司法改革新机遇，深化少年司法制度改革，推动建立少年司法新机制

改革创新是少年司法不断发展的动力源泉，也是少年司法制度几十年来的成功经验。当前，新一轮司法改革正在酝酿，是深化少年司法制度改革的大好时期，我们要积极参与，献计献策，通过活跃的理论研究，高质量的理论研究成果，务实可行的对策建议，服务、推动新一轮司法改革决策，力求在少年司法机构设置、少年司法程序完善、少年保护机制建设、少年工作队伍发展等方面取得新突破、新飞跃。

三、以建设法治中国为目标，推动国家创新完善未成年人立法，推动完善保护未成年人特色法律体系

习近平总书记提出的中国梦，是法治梦，是少年中国梦，没有健康强悍的中国少年，中华民族不可能强大，中国梦更不可能实现。实现中国梦，一靠法治，二靠少年，我们必须把少年司法保护放在更加突出的位置。为此，我们要推动、呼吁国家尽快制定家庭教育法、未成年人福利法等从根本上保护未成年人的健康成长，从源头上预防未成年人违法犯罪的重要法律。预防未成年人违法犯罪，必须从家长抓起，从家庭抓起，从娃娃抓起。我们要认真研究域外相关立法经验，认真研究未成年人家庭保护、社会保护等社会上存在的突出问题，认真负责地向立法机关和有关部门反映、提交我们的理论研究成果。

最后，感谢钦州市委、市政府对本次会议的大力支持和精心安排，预祝会议取得圆满成功，祝各位嘉宾和同志们身体健康、工作顺利！

谢谢大家！

【理论与实务研究】

论少年审判工作综合考评体系构建[①]

赵 俊[*]

少年司法制度是整个司法制度中不可或缺的一个领域，最高人民法院前副院长祝铭山评价"其是衡量一个国家司法制度发展水平的标准之一"。少年司法历史进程，就是一部创新发展的历史，很多司法领域的改革与制度创新就是首先从少年司法方面突破，而后得到推广总结再上升到整个立法层面的。1984年以来全国法院对少年司法制度进行了诸多有益的探索，少年司法制度不断成长、演绎、积累，应该得到公正的评价，单纯的案件审判绩效考核不能起到这一作用。

一、建立少年审判工作综合评考体系的必要性

（一）少年审判工作的现状

因为地域性差异以及案件分布不均衡，大多数法院的少年审判庭比同院其他庭的案件相对要少，有的甚至无法达到规定指标数，故部分基层法院要求少年庭协办刑庭或民庭乃至执行案件。广州市中级人民法院（以下简称广州中院）下辖12个基层法院，11个设立了独立的少年综合审判庭，1个设综合合议庭。其中，9个要协办其他审判庭的民事、刑事或者执行案件。这样的安排导致压缩了法制教育、预防、矫正等前后延伸工作，或者根

[①] 全国青少年法律与权益保护研究（广州）基地研究成果《2013年广州市二级法院重点调研课题》，结题时间2012年9月。
[*] 广东省广州市中级人民法院未成年人案件审判庭庭长。

本就案办案，放弃其他工作，这种趋利避害①的方式在一定层面上无可厚非，但不利于少年审判庭的专业化建设。②广州中院自从有少年审判庭以来，立足审判的同时开展了多项旨在预防青少年犯罪、挽救失足未成年人和全面保护未成年当事人合法权益的延伸性工作，创设了多个在全国具有影响力的项目和制度。这些投入的大量心血和精力，占用的大量工作时间，单纯以结案数量为标准的考评体系不能体现。③因此，建立综合考核评价体系势在必行，同时少年庭的架构和人员配置也不能仅取决于办案数量，而应"以工作量配人"。

（二）单纯以结案数量作为工作考核指标（以下简称"单一标准"）体系的弊端

1. 单一标准与少年综合审判庭成立的初衷不符

少年审判庭除了审判未成年人案件以外，还承担着大量的延伸性工作和社会事务性工作。预防未成年人犯罪、挽救失足未成年人、保障未成年人身心健康，才是少年综合审判庭成立的主要目的与中心，否则就是单纯办案，不讲社会效果。但目前相当多的法院对少年庭的考核指标和人员配置主要还是以结案数量为标准，这与少年综合审判庭成立的初衷相违背。

2. 单一标准挫伤少审法官开展延伸性工作的积极性

未成年人案件绝非"一判了之"，少审工作承担着大量的法制宣传教育和延伸工作任务，为了查清事实、挽救失足未成年人、保障未成年人的身心健康成长，使失足未成年人顺利回归社会，往往要在庭前、庭后做大量的调查、调解、法制教育宣传、协调和跟踪帮教工作，在目前各机关单位的职能衔接机制尚不顺畅、不完善的情况下，法院还要跟包括政法委、综治办、公安、检察、司法、民政、教育、团委、妇联等多个部门协调、沟通，这些工作都需要投入大量的时间和精力，往往一个个案的庭前调查、心理干预、合适成年人到庭、法庭教育等特殊程序、落实判后的社区矫正和安置帮教督

---

① 每个法院都给每个法官确定了年办案件数，完不成年办案数，年终考核可能不称职。
② 为了保持队伍的稳定和加强专业化建设，广州中院少年审判庭曾向院里提出建议应适当扩大少年庭涉少案件的受理范围，将离婚诉讼中涉及未成年子女抚养、探视问题的案件由少年庭审理，但最后没有被采纳。
③ 实际上法院许多部门（比如研究室）的工作量也不是以案件数量来算的。

导，就要花费超出审判成年人案件多得多的时间和精力，另外一些法制宣传教育等创新社会管理工作势必也成为少年审判工作的一部分。如果考核少年庭法官的工作量乃至人员配备，还是单纯以结案数量作为唯一标准，而对与案件密切相关的各项延伸性工作不作充分考虑，也没有量化的考核标准，就不能全面反映少年庭法官的工作量，在对全法院审判人员整体考核时，少年审判庭审判人员与案件数量多的业务庭审判人员之间的差距就会拉大，考核评先就一定处于劣势。2012 年广州中院的助理审判员晋升审判员的过程中就已经显露该问题，在此导向下，事实上，少审法官也只能先完成院里下达的办案指标，而把其他延伸性工作放在一边。为达到"窥一斑见全豹"的效果，本课题谨以广州市中级人民法院的少年审判工作为例展开研究。①

3. 单一标准导致少年审判工作发展历程曲折

近三十年来，全国法院少年审判庭从无到有，从弱小到壮大，曾经机构改革被裁撤，其生存的必要性、合理性、规模性一直令人质疑与困惑。究其原因就是案件减少、以案件为单一考核标准。② 这也造成少年审判人员的长期纠结——预防、教育、感化、挽救等工作做好了，少年犯罪减少，案件也相应减少；法制宣传开展好了，未成年人合法权益得到了保护，侵权等民事纠纷也少了，涉少行政诉讼得到控制，案件势必等量减少。在以案件为单纯考核标准的前提下，势必减少从事这些工作的人员数量或裁撤该机构，或者是帮别的部门协办案件，乃至将一部分审判人员调入其他案件数量呈井喷状增加的部门。"头疼就要医头，脚疼就要医脚"，这也是一种无可奈何的短视行为，我们能够理解。但长此以往，表面上伤害的是少审人员的积极性，但根本上不利于人民法院参与社会管理创新工作的良性开展，缺乏独立的、

---

① 从人员配置来看，该院少年审判庭仅有两个合议庭和一个内勤组，包括 3 名庭领导在内，有审判职称的审判人员仅 10 人。由于各种工作任务繁重，该庭虽创设了多项具有特色的工作制度，但有些工作确因人员不足和精力有限而不能很好地开展和落实，如"法制教育进校园"活动、未成年犯的跟踪帮教和抚养纠纷的判后回访工作等，不能很好地开展。调研工作也受到了制约，不利于工作经验的及时总结和对外宣传、提升少年审判品牌影响力。

② 广州市少年审判工作从 1987 年荔湾区人民法院成立全市第一个少年刑事审判合议庭起，几年间两级法院均陆续建立了少年审判合议庭。1996 年，广州中院成立独立建制的少年刑事审判庭，后解散。2006 年 12 月 19 日，又按照最高人民法院指定，设立华南地区唯一一家试点独立建制的少年综合审判庭，实行涉少刑事、民事和行政案件的综合审判，一直以来将审判工作向庭前庭后延伸，打造"羊城金不换工程"品牌、创设特色制度，在未成年人司法及保护预防方面取得了一系列成绩，积累了一定的经验。

符合少年审判工作特点的综合考评体系是一个亟待解决的问题。

广州中院少年审判庭2012年收案450件（其中刑事103件，民事247件，行政100件），未成年犯管教所报请的减刑假释案件2032件①（这在内地法院也许算是案件多的，但在广州地区相对其他类型案件，属于少数）。从人员配置上看，2008年19人可以组建3个合议庭，还有1个内勤组；到2012年底，16人（其中3名庭领导、6名审判员）仅能组成2个合议庭，内勤没有审判人员。这样下去，迟早面临生存危机。

（三）延伸工作的必要性

也许有的观点认为，既然以案件考核标准、案件数量比照成年人案件没有倾斜，大致一样的考核标准，那么其他延伸工作就可不必做，否则沦为"不务正业"。

少年审判需要创造性地发展特色制度，创新延伸工作机制。中纪委副书记、最高人民法院前副院长张军同志指出"少年法庭应坚持以审判为中心，积极拓展延伸服务，把对未成年人的教育、维权落实到法庭内外，贯穿于审判全程，使少年法庭成为未成年人司法保护与法制教育的重要场所，成为人民法院参与社会管理创新的重要平台"，"按照人民法院'二五''三五'改革纲要设定的目标，深化少年司法改革探索，勇于实践、创新，使工作始终充满生机和活力，是做好未成年人案件审判工作的根本动力。同时，少年法庭工作要从多元探索、争创特色向规范发展、注重落实转变"。② 这须根据实际情况研究落实的方法，调研工作与少年审判工作、特色工作具有相辅相成的关系，调研成果能直观反映少年审判及特色工作的开展情况。所以，调查研究是少年法庭发展创新的推动力。从宏观来讲可以扩大少年审判工作的影响力，并促进少审判特色工作的不断发展和完善，最终更好地维护未成年人的合法权益；从微观来讲能磨炼少年审判法官的能力，提高少年审判法

---

① 该庭自2006年12月成立至2012年6月，受理了未成年犯减刑假释案件10571件。该类减刑假释案件受到轻视，这些案件虽说以电脑软件批量办理，但是其个案并不是千案一面，而是各具特色，因为每个罪犯的具体情况是不同的，生成的裁判文书要经过仔细核对，加上现在减刑假释程序日趋规范，程序增加，比如申报前公示、减刑前公示，还要开庭审理等等。广州中院将20件减刑假释案件折算为1件刑事二审案件。

② 见2012年8月31日，中纪委副书记、最高人民法院前副院长张军在全国法院第六次少年法庭工作会议上题为《坚定信念 稳中求进 全力推进中国特色少年法庭工作创新发展》的讲话。

官的素质及业务水平。①

信息报送工作，可以使少年审判工作更加受到社会的关注，更好地宣传少年审判工作，让更多的单位、部门及公民关注未成年人保护，更有利于少年审判特色工作机制的推进，有利于司法公开及社会监督，并为政府机关制定教育、预防青少年犯罪正确的方针与政策，拓宽未成年人的保护渠道。将典型案件编写成案例便于总结审判经验，对今后审理类似的案例具有指导意义，甚至可以将某类案件的处理方式予以固定并形成指导意见，统一裁判尺度，更能将案件中涉及的少年审判特色制度予以推广。通过提出司法建议的方式督促诸如侦查、起诉机关或者承担少年审判特色工作机制的其他部门及其他未成年保护机构履行职责，对最终形成未成年人保护的大格局具有重要意义。对广大青少年进行法制教育，让他们知法、懂法、守法，预防犯罪，保护其合法权益的目的，尤其是对一些个案进行宣传，更能起到警醒、规劝、示范的作用。社区矫正与帮教督导则可以帮助失足青少年改过自新，巩固改造成果。修改后的刑事诉讼法和民事诉讼法均于2013年1月1日起施行，庭前调查、心理干预、法庭教育、社区矫正、督促探视、民事社会观护等各种特色工作机制上升到立法层面，成为必须完成环节，增加比成年人诉讼多得多的工作程序。如果考核、晋升单纯以案件为标准，这些工作往往转变为选择性工作，极不利于少年审判工作的全面发展。

二、建立少年审判工作综合考评体系的依据

（一）上级要求及文件精神

2011年1月，最高人民法院印发了《关于加强人民法院审判管理工作的若干意见》，目标之一就是对审判绩效进行科学考评。2012年5月，最高人民法院在贵阳召开了全国法院审判管理工作座谈会，对如何进行科学的审判管理进行了部署。中纪委副书记、最高人民法院前党组副书记、副院长张军同志提出要切实加强未成年人判队伍建设、创新考核机制，"在各地法院都有各自考核体系和指标的情况下，对少年法庭工作的考核，要着力改变单

---

① 审判对象的特殊性，使得少年法官除具备相应的法律专业知识外，还要掌握一定的社会学、心理学、教育学等知识。

纯以案数量为标准的考核模式。在考核工作中，要突出他们庭审前的大量调查、协调工作；庭审中的法庭教育、合适成年人参与诉讼等大量组织、协调工作；庭审后督导、巩固庭审效果的各种后续工作，等等。上级人民法院、主管院领导要重视、督导制定更适合少年法庭工作特点、科学合理的考核办法，激励少年法庭法官把庭审前后、法庭内外的少年司法工作做得更好。"
"没有哪一类案件像少年审判产生这么多经验、典型，直接推动立法，如果以办案数量为标准进行考核，则少年法庭审理的刑事案件1件应折抵2件，民事案件1件应折抵3～5件。"① 最高人民法院党组成员、副院长黄尔梅也进一步提出要进一步科学规范绩效考评工作，她指出："管理不科学、考核不合理，是多年来少年法庭工作反映较为集中和突出的问题，很大程度上影响了少年法官的工作能动性和热情。希望各高级法院尽快研究，制定科学有效的方案，对辖区少年法庭工作实行单独考评，将中级法院少年法庭工作纳入高院的考核范围，同时指导各中级法院，将基础法院少年法庭工作纳入中院考核范围，做到以考核促创新，以考核提质效。绩效考核制度'通过目标设定与权重差异，可以调动员工实现目标的积极性，确保个人绩效信息的完整性和真实性，纠正不当与偏差，指导个体未来职业生涯的发展，优化个体自身的素质的结构组成'；可以营造一种积极向上的工作环境。绩效考核要充分体现少年法庭工作的特殊性，以科学性的管理营造吃苦的人吃香、实干的人实惠、有为的人有位的良好氛围。在评先树优、先锋模范的选择上，要向少年法庭的优秀法官适当倾斜，用政策、用荣誉、用感情激发他们的工作热情和创造活力，将优秀法官吸引到少年法庭，留驻在少年法庭。"②

（二）实践需求

受审判对象特殊性及受案范围等因素限制，少年审判庭审理案件数量相对不多，但审判人员的办案指标是一定的，办案指标的完成程度几乎是绩效考核的唯一标准，比如2012年审判员的晋升就是如此，而少年审判特色工

---

① 见2012年8月31日，中纪委副书记、最高人民法院前副院长张军在郑州全国法院第六次少年法庭工作会议上题为《坚定信念 稳中求进 全力推进中国特色少年法庭工作创新发展》的讲话。

② 见2012年8月31日，最高人民法院副院长黄尔梅在全国法院第六次少年法庭工作会议上的总结讲话。

作及调研工作的开展又不纳入考核指标，这就使得相当一部分少年审判法官为完成办案指标单纯追求办案数量而不得不协办大量非未成年人案件。由于协办案件多系随机选取，导致案件类型过于分散，这种"打散工"的状态客观上影响了审判质量以及限制了少年审判特色工作及调研延伸工作的开展。近年来，我国多个省市法院如江苏省、广西壮族自治区、山东省枣庄市、江西省南昌市先后制定了未成年人案件审判绩效考核规范性文件，从这些文件来看，考核的指标除队伍建设、制度建设和创新、审判质量、延伸性工作、信息调研和法制宣传教育等工作外，结案情况也只考核结收案比，没有规定每个法官应完成案件的数量。

三、设定少年审判工作综合考评体系参考元素与标准

（一）以案件数量作为综合考核标准的核心元素

人民法院中心工作与第一要务就是审判执行工作，以办案数量为考核标准考核结果直观、清晰。目前，法院评价的氛围与大环境、大气候也是以案件为中心，所以我们将这些延伸工作不是以相应的积分来评价，[①] 案件是跟着法官一辈子的事，可以年复一年地积累，而积分只是在某一年或某一项工作说明工作状况，不能累计到下一年度，目前，广州中院实际上也是以案件完成状况来作为业务庭审判人员晋升的标准。[②] 在我们设计的体系中，我们以案件为考核中心标准，但不应该是唯一标准。我们针对案件是中心，法院以案件数量质量为主体考核标准前提，确立形成以案件数量为主导参考元素，将前后延伸工作、辅助工作的工作量与办理案件工作量进行比较，形成相对合理的量比比例，将一定数量的延伸工作乘以折算比例，转化为案件数量，最终以该转化后的案件数量为考核标准来考核、评比工作人员业绩的综合考评体系。该方法不失为一个目前解决合理评价少审工作量的科学量化体系。

---

① 2006年5月15日院长办公会通过，2011年4月18日修订的《广州市法院调研工作考核办法》第7条规定：在市中院组织的研讨会上获奖的每篇计2分。重复采用2次以上的计3分。本文主张与该《办法》并不矛盾，本文是对庭内考核，办法是对各庭考核的。

② 超额完成案件指标最高可以加10分。

（二）折算比例的确立

1. 少年审判庭与其他业务庭人均指标比较分析

从2012年3月《广州市中级人民法院关于业务庭及审判执行人员年度结案的管理规定（试行）》（表一），可以通过比较看出少年庭刑事合议庭法官的结案指标为44件①，是刑一庭、刑二庭的88%，折算比例仅为1∶1.1，但少年庭审判未成年人犯罪案件在庭审前、庭审中、庭审后比刑一庭、刑二庭的案件多了大量的延伸性工作，仅以1∶1.1进行折算；少年庭民、行合议庭法官的结案指标是88件，是民一庭的67%，是行政庭的133%，是审监庭的200%。少年庭没有民事系列案件，也要审理医疗纠纷案件，但还是按民事案件1∶1.5进行折算；与行政庭相比较，少年庭审理的行政案件与行政庭审理的行政案件性质区别不大，但少年庭的办案指标反而比行政庭还要高出1/3；比审监庭高出100%。

表一

部门 \ 职务 件/年	庭长	副庭长	审判长	审判员（助审员）
立案庭			管辖异议 264	管辖异议 330
			再审复查 176	再审复查 220
			速裁 160	速裁 200
刑一庭	2	4	40	50
刑二庭	2	4	40	50
少年庭	2	4	刑事 35	刑事 44
			民、行 70	民、行 88

---

① 审判管理办公室规定刑事合议庭任务指标以刑事二审案件为单位，1件刑事一审案件折合2件刑事二审案件，民事合议庭、内勤合议庭以民事二审案件为单位，刑事二审案件和民事二审案件的转化关系为1件刑事二审案件折合2件民事二审案件。

续表

职务 件/年 部门	庭长	副庭长	审判长	审判员 （助审员）
民一庭	2	4	106	132
民二庭	2	4	70	88
民三庭	2	4	50	62
民四庭	2	4	40 道交损害赔偿 106	50 道交损害赔偿 132
民五庭	2	4	106	132
行政庭	2	4	53	66
审监庭	2	4	35	44
执行一庭	2	4	88	110
执行二庭	2	4	63	79
执行三庭	2	4	63	79

2. 少年审判人员与其他业务庭审判人员折后标准建议

少年审判受到党和国家的高度重视，也是得到社会高度认同的法院工作内容之一。最高人民法院前副院长张军在全国第六次少年审判工作会议上指出，"法院没有哪一项工作会像少年审判让社会毫无争议地支持"，"没有哪一类案件像少年审判产生这么多经验、典型，直接推动立法，如果以办案数量为标准进行考核，则少年法庭审理的刑事案件1件应折抵2件，民事案件1件应折抵3~5件。"[①] 可见，上级领导早就指出问题的解决途径。因为具体个案办理要进行比如庭前调查、心理干预、法庭教育、判后协助矫正、监狱帮教、督促探视、减刑假释工作，这些是多出成年人案件程序的环节，另外还有法制教育、社会管理创新等工作；民事案件则有社会观护、心理干预等比普通民事更为细致的环节，必将耗费更多的时间和更大的精力。所以，

---

① 见2012年8月31日，中纪委副书记、最高人民法院前副院长张军在全国法院第六次少年法庭工作会议上题为《坚定信念　稳中求进　全力推进中国特色少年法庭工作创新发展》的讲话。

有的法院会适当倾斜，有的不倾斜；有的法院是1∶1.5，有的法院是1∶2，有的法院达到1∶3。省法院内部已明确规定其审理的未成年人刑事案件可按1∶1.5的比例折算（但省法院审理的未成年人案件都是二审案，没有一审案；省法院确定该比例时，仅考虑其二审案件办理比普通刑事案件多法定环节与实务，没有考虑少年审判的其他延伸工作的工作量与工作时间）。深圳等地的法院也有对少审结案数量标准加以折算（刑事案件折算比例为1∶1.5）的经验做法。为此，建议少年案件与其他业务庭同类案件折算比例起码要达到1∶1.5，乃至适当高些。一件同类型（刑、民、行）少审案件折多少同类成年人数量为合理，参考上述地区规定，可以按上级领导指示来确定。

3. 综合评价体系案件转化折算量比①

本文重点放在正向指标设计上。少年审判庭正常的刑事、民事、行政案件按实际完成归属经办人。同时，为激励少审法官工作的积极性，彰显少审工作管理的科学性、人本性、公平性，充分考虑延伸工作的工作量以及办理案件的平均工作量（相对公平合理），我们特建立少审工作综合考核量化管理机制。

（1）对延伸工作均折算为案件数，规定如下：

①全庭全年应完成信息24条，内勤合议庭主要负责本庭重大动态信息编写、报送及管理本庭信息工作；合议庭主要负责采编本合议庭重大案件信息及问题、建议类深度信息。年度考核中，3条信息折合1件二审案件；被本院采用的，2条信息折合1件二审案件；被上级机关、《每天快报》或《穗府信息》等采用的，1条信息折合1件二审案件。

②全庭全年应完成12篇案例，2篇案例折合1件二审案件，如果案例被《案例编报》《广州审判》《法庭》《中国少年司法》或公开出版期刊采用或发表，1篇案例折合1件二审案件，如果在核心期刊上发表的，1篇案例折合2件二审案件。

③全庭全年应完成6篇司法建议，1篇司法建议折合1件二审案件。

④完成一篇论文折抵2件二审案件，发表在公开发行的刊物上，一篇论

---

① 以广州市中级人民法院全年案件审理指标及调研任务为标本进行分析及折算。

文折合 3 件二审案件；如果在核心期刊上发表 1 篇论文折合 4 件二审案件。在全国法院学术论文研讨会上获二等奖以上的，按照我院规定报送立功，获优秀奖以上的，折合 5 件二审案件。撰写总结材料、调研报告、讲话以及文件起草视同撰写论文。

表二 少年庭综合考评体系折算比例表（试行）

		折算比例（X：二审刑事案件）
信息（条）	普通信息	3：1
	上级机关、每天快报、穗府信息采用	1：1
案例（篇）	普通案例	2：1
	普通刊物采用或发表	1：1
	核心刊物、全国性刊物采用或发表	1：2
司法建议（件）		1：1
论文（篇）	一般性成果	1：2
	普通刊物发表	1：3
	核心刊物发表	1：4
	全国法院学术讨论会优秀奖以上	1：5
	全国法院学术讨论会二等奖以上	1：6，并申报立功
创新机制（项）	一般性成果	1：6
	重大影响成果	1：6，并申报二等功
法制教育（堂）	讲授法制课	3：1
	举办模拟法庭	2：1
	设立法制教育基地	1：1
法制宣传（次）	提供案例、解读、新闻通报、座谈等	2：1
	成功应对重大舆情的	1：1
判后回访督导（次）	社区矫正回访	4：1
	监所帮教督导	4：1
羊城金不换工程	项目创新与策划	1：6，并申报三等功

⑤鼓励工作机制创新，但不设具体指标，有创新成果的，一项折合6件二审案件，有重大影响的可申报专项立三等功。

⑥每名法官均要参与学校法制教育课，3堂法制课折合1件二审案件；模拟法庭2堂折合1件二审案件；法制教育基地设立等其他项目策划并筹备成立1次折合1件二审案件。

⑦协助本院宣传部门在有关媒体，如：报纸（《法观天下》栏目）、电台、电视节目中，提供案例、解读、新闻通报、座谈等2次折合1件二审案件；成功应对重大舆情的，一次折合1件二审案件。

⑧参与协助社区矫正回访4次或去监所帮教督导4次折合1件二审案件。

⑨参与社会管理创新、"羊城金不换"工程的项目创新与策划的，一项折合6件二审案件，有重大影响的可申报专项立三等功。

（2）建立综合考核体系的配套机制（成果转化）

院里授权少年庭自主分配减刑假释，全庭减刑、假释案件每年2000件左右，每20件减刑、假释案件折合1件二审案件，共折合100件二审案件，为本庭建立综合评价体系提供了可能。

①上述2000多件减刑假释案件，由内勤集中完成，但不当然全部归属于内勤，这需要内勤为了庭里该项制度作出必要贡献。

②以二审刑事案件作为标准参考单元。上述司法建议、案例、信息、论文、工作机制创新、法制教育、宣传、项目策划、筹备等折合二审刑事案件数作为减刑假释案分配标准，一件二审折减20件刑案。

③庭领导完成上述延伸工作不折抵案件。

④上述数据由内勤合议庭专人统一登记。年底按上述延伸工作的个人总量进行折算分配。

反向指标规定：

（1）案件效果：

①有无上访；

②闹访、缠访产生原因与处理有关；

③司法作风引发投诉；

④有效廉政投诉。

（2）案件超审限。
（3）案件质量：
①申诉、再审改判；
②二审发回改判。

（三）考核案件折算权重比修改

在实施一段时间总结折算的过程中（详见表二、表三），发现有些工作项耗时与辛苦系数较小，比如提供案例进行法制宣传；有些超出预计，比如模拟法庭，举行一次需要文书到程序的设计与指导，工作量大，折算的权重比太低；有的成果有不同的级别等次之分，但折算比没有很好区分，如发表的调研文章、与信息采用的机关；有些界定待清晰，如创新工作机制，创意与制度拟定没有分开。我们又及时修改完善，从现在起以下列表格规定的折算工作量。

表三 广州市中级人民法院少年审判工作综合考核体系折算比例表（试行）

		折算比例（X：二审刑事案件）
信息（条）	普通信息	3：1
	本院采用	2：1
	《每天快报》《穗府信息》采用（市级单位）	1：1
	省级单位采用	1：2
	国家级单位采用	1：3
案例（篇）	普通案例	2：1
	普通刊物采用或发表	1：1
	核心刊物、全国性刊物采用或发表	1：3
司法建议（件）		1：1

续表

		折算比例（X：二审刑事案件）	
论文（篇）	一般性成果	1:2	
	普通刊物发表	1:3	
	核心刊物发表	1:4	
	全国法院学术讨论会优秀奖以上	1:5	
	全国法院学术讨论会二等奖以上	1:6，并申报立功	
创新机制（项）	一般性成果	创意	1:3
		制度拟定	1:3
	重大影响成果	创意	1:3，并申报三等功
		制度拟定	1:3
法制教育（堂）	讲授法制课	3:1	
	举办模拟法庭	2:1	
	设立法制教育基地	1:1	
法制宣传（次）	提供案例、解读、新闻通报、座谈等	4:1	
	中央媒体报道	2:1	
	成功应对重大舆情的	1:1	
判后回访（次）	社区矫正回访	4:1	
	监所帮教督导	4:1	
"羊城金不换工程"新项目立项（项）	可行性项目策划	1:3	
	项目实施	1:5	

四、综合考评体系衍生事务——内设调研与社会事务部

为了预防未成年人犯罪，挽救失足未成年人，保障未成年人健康成长，少年庭的工作除了审判外，还包括多项庭前、庭后的延伸性工作，而这些工作都必须与其他政法部门和政府机关紧密配合、加强合作才能顺利落实。中纪委副书记、最高人民法院前副院长张军同志强调："要进一步完善'政法

一条龙'和'社会一条龙'工作机制,要积极主动与公安、检察、司法行政等部门加强沟通,并协调共青团、妇联、教育、工会等部门共同做好未成年人的教育、处罚、改造工作,以及人民陪审员管理、社会观护员、督导员、社会调查员的管理培训工作。同时,对本地和外地户籍的未成年被告人在适用缓刑上,应当一视同仁,应认真落实社会调查制度,并尽量在本地社区进行矫正,本地不具备条件的,要积极、负责地与外地司法机关或者社区矫正机构联系,切实做好回籍未成年缓刑犯的社区矫正工作。"① 因此,少年庭在对未成年人的刑事审判过程中,不仅要与本地的司法部门和相关行政部门协调沟通,为了落实外地户籍未成年被告人的社会调查和社区矫正工作,还要与外地的司法机关协调,而外地籍未成年人犯罪占了未成年人犯罪案件的85%以上。因此,少年庭在协调工作上同样需要投入大量的人力和时间,而由专人负责更能提高效率。所以,建议在少年庭内设立"调研与社会事务部",负责与其他职能部门的协调沟通以及调研工作,并保证研究基地②的正常运作。美国芝加哥少年法院、我国台湾地区高雄市少年和家事法院除法官外还内设保护庭与假释部,就是非办案部门,处理涉案社会事务的部门。最高人民法院黄尔梅副院长曾要求进一步科学规范绩效考评工作时强调,"用卓有成效的工作去说服有关部门和领导认识到,对少年司法工作的投入,是最有价值的投入,是最有效益的投资。"③ 如何设立调研与社会事务部,由于该部为内设机构,建议设定3人,最终该部门与研究室一样不设定办案指标,免掉该3人案件数量,对一个法院来说,无伤大体,让他们积极参与社会管理创新,会收到意想不到的效果。

---

① 见2012年8月31日,中纪委副书记、最高人民法院前副院长张军在全国法院第六次少年法庭工作会议上题为《坚定信念 稳中求进 全力推进中国特色少年法庭工作创新发展》的讲话。
② 全国首家青少年法律与权益保护研究基地成员单位13个。
③ 见2012年8月,最高人民法院副院长黄尔梅在全国法院第六次少年法庭工作会议上的总结讲话。

我国未成年犯矫正制度之完善

——以美国青少年不良行为防治措施为素材

张 明* 姜慧芹**

未成年人处于人生的特殊年龄阶段，具有认知能力低、意志力弱、明辨是非的能力不强等特点。因此，在他们触犯刑法后，需要对他们采取特殊的惩罚和教育措施，以最大限度地教育和保护未成年犯、帮助更多的违法未成年人回归社会。但是，我国既有立法的不详备及其在司法中出现的问题（如交叉感染、针对性弱等）却引人思考：对于未成年犯是否有更为特殊、更具针对性的矫正措施？

了解、分析他国的相关法律制度用以完善本国法律制度是一种有效且迅速的方式，并因此而广泛适用于中国当代法律的发展进程中。笔者在考察了美国的几种青少年不良行为防治方式后，发现其系针对不良青少年的非监禁措施、采取的是一对一（极少情况下是一对二）、有针对性的矫正模式且已经取得了可以衡量的成效。这恰好可以弥补我国立法和司法的不足，是完善我国未成年犯矫正制度的可供借鉴的方式。

鉴于此，本文首先对我国未成年犯矫正方式的立法和司法现状进行简要的介绍并分析其中存在的问题；而后对美国的三种青少年不良行为防治方式予以阐释；最后对我国进行借鉴的可行性和借鉴方式进行探析。

---

* 最高人民法院刑五庭副庭长。
** 中国政法大学比较法学研究院比较法学方向2012级博士研究生。

一、我国未成年犯矫正方式的现状

尽管我国现有立法阐明了"教育、感化、挽救"的方针，①确定了"分别关押、分别管理、分别教育"的原则②以及规定了一些有针对性的考量内容，③但其规定非常笼统，几乎没有针对未成年犯矫正措施的具体规定。此外，在我国的司法实践中，对未成年犯采取的是集中矫正的方式，这也存在诸多隐患。比如，监禁这一刑罚措施容易产生"交叉感染"，这一问题在未成年犯的矫正上格外突出；既有的非监禁措施（如管制和社区矫正），也存在着监督管理上的难度等。

（一）立法笼统

我国既有立法中并没有详细阐释未成年犯矫正方式与成年犯矫正方式的差别。针对不满16周岁而不予处罚的未成年犯的矫正，《中华人民共和国刑法》（以下简称刑法）仅规定了可以采取"家长或者监护人加以管教"或"政府收容教养"这两种特殊方式；④对于应当予以刑事处罚的未成年犯，刑法的刑罚设计也很少考虑未成年犯罪的特点及其处罚上的特殊性，除死刑的适用限制外便再没有针对未成年犯矫正措施的特殊规定。那么，由"家长或者监护人加以管教"是否可行？"政府收容教养"又是否能收到实效？在很多情况下，家长或监护人的管教能力是值得怀疑的，他们对未成年犯的"铸就"具有不可推卸的责任，由此可以推断"家长或者监护人加以管教"这一矫正方式的效果堪忧。此外，由于缺乏系统具体的规定、缺少配套的法规或规章，也影响了"政府收容教养"制度的有效实施。

关于刑罚的执行，《中华人民共和国未成年人保护法》《中华人民共和国预防未成年人犯罪法》及《社区矫正实施办法》等法律规范中基本明确

---

① 参见《中华人民共和国未成年人保护法》（1991年9月4日通过，2006年12月29日修订）第五十四条第二款、《中华人民共和国预防未成年人犯罪法》（1999年6月28日通过，2012年10月26日修正）第四十四条第一款、《社区矫正实施办法》（最高人民法院、最高人民检察院、公安部、司法部于2012年1月10日联合印发）第三十三条之规定。

② 参见《中华人民共和国未成年人保护法》第五十七条、《中华人民共和国预防未成年人犯罪法》第四十六条之规定。

③ 参见《社区矫正实施办法》第三十三条。

④ 参见《中华人民共和国刑法》（1979年7月1日通过，2011年2月25日修正）第十七条第四款。

了"分别关押、分别管理、分别教育"的原则,即对执行刑罚的未成年人,应当与成年人隔离。这在一定程度上避免了未成年犯在与成年犯的交往中染上了新的恶习、消除潜在的犯罪因素。但是,司法实践中集中矫正的方式也伴随着许多隐忧。

（二）司法隐忧

首先,在我国的司法实践中,监禁刑仍然是针对未成年犯的主要刑罚。于未成年犯而言,监禁的负面效果是显而易见的:这种刑罚执行方式阻断了他们与亲友之间的情感交流、中断了他们社会化的过程、增加了惯犯和累犯的可能性、有可能受到其他未成年犯的侵害等。现代犯罪学理论认为,刑罚在发挥其预防犯罪功能的同时,也在难以避免地催生着惯犯和累犯,即:在监禁期间,被监禁的未成年犯之间可能会相互教唆、牢固犯罪心理;在被释放后,不少犯罪分子从"一面手"变成了"多面手",也就是所谓的"交叉感染"。

其次,由于现有工作人员不足、基础设施薄弱等原因,在社区矫正的执行过程中,其矫正工作的针对性也很弱,并不利于未成年犯的回归社会。自2003年以来,我国开始在北京、天津、上海、江苏、浙江和山东等省（市）进行社区矫正的试点工作。由《关于开展社区矫正试点工作的通知》[①]中的规定可知,这种防治措施将罪行轻微、主观恶性不大的未成年犯作为重点对象,因而对未成年犯的矫正有一定的针对性。2012年,《社区矫正实施办法》颁布施行。根据该办法第三十三条之规定,对未成年人的社区矫正,有与成年人分开进行和益于其身心健康发展的监督管理措施等针对性的矫正要求。然而,在矫正措施的具体实施过程中,却存在着模式性强、针对性弱的问题。

由此可见,我国刑法的相关法律规定以及实践中的司法操作均暴露出一定的问题,探索新思路、新途径以帮助未成年犯走回正轨是现如今亟待解决的课题。

[①]《最高人民法院、最高人民检察院、公安部、司法部关于开展社区矫正试点工作的通知》（2003年7月10日）。

二、美国的青少年不良行为防治措施

美国有很多防治青少年不良行为的方式,但其中能够有效地显示出其有效性的并不多见。基于此,美国科罗拉多大学暴力研究和预防中心(Center for the Study and Prevention of Violence)于 1996 年首次对防治青少年不良行为的方式进行评估(称为"Blueprint 工程")。Blueprint 工程的评估标准是以实验为基础的(research – based criteria)。截至 2004 年,该中心对 600 个项目进行了分析,仅筛选出 11 个模范项目(model programs,不到调查总数的 2%)。① 本文仅对其中的三种——实务性家庭疗法(Functional Family Therapy)、多系统疗法(Multisystemic Therapy)和多元化寄养疗法(Multi-dimensional Treatment Foster Care)予以介绍。

(一) 实务性家庭疗法

1. 概述

实务性家庭疗法把家庭作为干预的焦点。② 其核心是对影响青少年及其成长环境的那些利弊因素(特别是家庭内外的因素)予以关注和评估,以及对这些因素在治疗过程中有何表现、如何影响治疗予以关注和评估。③ 由此可见,该疗法的视野并不局限于青少年本身,而是扩及至其生活的环境;反映在治疗过程中,即不仅仅止步于停止青少年的不良行为,也关注改变其生活的环境。有数据显示,实务性家庭疗法较之缓刑、住院治疗等干预方式

---

① 这 11 个项目分别是:针对中西部预防的项目(Midwestern Prevention Project),针对单亲子女的项目(Big Brothers Big Sisters of America),针对烟草、酒精或大麻的戒除训练项目(Life Skills Training),针对欺凌行为的预防项目(Bullying Prevention Program),增进社会适应性、降低侵犯性的项目(Promoting Alternative Thinking Strategies),青少年时期针对家长、青少年和教师的系列培训项目(Incredible Years),戒毒项目(Project No Drug Abuse),实务性家庭疗法(Functional Family Therapy),护士介入怀孕期间和产后两年的项目(Nurse – Family Partnership),多元化寄养疗法(Multidimensional Treatment Foster Care)和多系统疗法(Multisystemic Therapy)。Center for the Study and Prevention of Violence, "Blueprints for Violence Prevention (2004 Report)":Foreword, 2. 由于此处的翻译结合了它们的具体内涵,故与直译结果稍有不同,详见 http://www.blueprintsprograms.com/allPrograms.php,最后访问时间:2013 年 5 月 28 日。

② http://www.blueprintsprograms.com/factSheet.php?pid=0a57cb53ba59c46fc4b692527a38a87c78d84028,最后访问时间:2013 年 5 月 28 日。

③ http://www.fftinc.com/about_model.html,最后访问时间:2013 年 5 月 28 日。

效果更为显著。① 该疗法在世界范围内的推广工作由实务性家庭疗法有限责任公司（FFT LLC.）负责。目前，该公司已将其推广至 300 多个社区、州以及国内、国际组织，并每年向超过 20000 个家庭提供这一疗法。②

2. 治疗对象

实务性家庭疗法针对的是具有不法、暴力、药物滥用、行为紊乱、对立违抗型障碍、破坏性行为障碍等行为或倾向的青少年。他们的年龄介于 11 至 18 岁之间。③

3. 具体内容

实务性家庭疗法的实施方式非常灵活，可以由治疗师在患者家中、诊所、学校、缓刑和假释办公室/安置系统（probation and parole offices/aftercare systems）等场所进行。④ 在治疗中，治疗师基本上是通过与家庭成员直接沟通的方式实现的；但有时也会借助其他辅助措施。该疗法是分阶段进行的，它非常明确地界定了治疗的五个阶段、内容及其目标。第一个阶段为参与阶段（Engagement），其目的是形成对治疗师及项目的积极认识，以促使青少年和家庭有意愿参与治疗、避免其在项目早期便退出治疗；第二阶段为推动阶段（Motivation），旨在改变不适应该疗法的一些情绪反应和想法，同时增加进行持久性改变的信心、希望和动机；第三阶段为评估阶段（Assessment），旨在明晰个人关系、家庭关系及更广的人际圈，识别家庭中的亲属作用、需求及层级结构；第四阶段为"行为改变阶段"（Behavior Change），在这一阶段，治疗专家使用沟通训练、特定生活技巧的协助、家长基本技能培训和得失衡量技巧培训等方式促成家庭的改变；第五阶段为"泛化阶段"（Generalization），这一阶段是根据每个家庭的实际情况（如家庭职能需要、这些需要所受制的环境因素、家庭与治疗师或个案经理的关联度等）安排治疗的，其目的有维持变化、预防复发等。⑤

---

① Richard A. Hooks Wayman, "Homeless Queer Youth: National Perspectives On Research, Best Practices, And Evidence – Based Interventions", Seattle Journal for Social Justice (2009): 610.
② http://www.fftinc.com/index.html, 最后访问时间：2013 年 5 月 28 日。
③ http://www.blueprintsprograms.com/evaluationAbstracts.php?pid=0a57cb53ba59c46fc4b692527a38a87c78d84028, 最后访问时间：2013 年 5 月 28 日。
④ http://www.fftinc.com/about_model.html, 最后访问时间：2013 年 5 月 28 日。
⑤ http://www.blueprintsprograms.com/evaluationAbstracts.php?pid=0a57cb53ba59c46fc4b692527a38a87c78d84028, 最后访问时间：2013 年 5 月 28 日。

(二) 多系统疗法

1. 概述

多系统疗法发端于20世纪70年代中期,① 是建立在家庭及社区基础上的,它非常强调造成青少年犯做出严重反社会行为的综合的、多重的原因,通过发扬亲社会的行为(prosocial,忠实于既定社会道德准则的)、抑制反社会的行为(antisocial,背离既定社会道德准则的)的方式改变青少年的家庭、学校及邻里关系,从而达到改进青少年所处的现实社会的运行的目的。② 2011年,该疗法便已在美国的30个州(包括夏威夷)和11个国家适用。③ 目前,该疗法已在美国的34个州及13个国家适用,并每年向超过23000人提供治疗。④

2. 治疗对象

该疗法的目标群是有长期的、暴力的或者物质依赖的未成年犯(juvenile offenders),他/她们极有可能被施以家外安置(out–of–home placement)。其典型(typical)目标对象是14至16周岁、已被逮捕多次的青少年,他们所生活的家庭以多重需要及问题为特征。⑤

3. 具体内容

多系统疗法的主要目标是使家长获得独自处理青少年问题的能力,并帮助青少年应对家庭、同龄人、学校和邻居中的问题。⑥ 该疗法认为,由家庭主导(family–directed)的改变最有可能产生持续的效果。⑦ 因此,家庭被视为治疗过程中最重要的环节。

这就与其他矫正方法有很大不同。比如,该疗法的视野更宽,克服了其他疗法在治疗对象上的局限性。其他矫正方法只围绕青少年本人,没有认识

---

① http://mstservices.com/index.php/mst–services/our–history,最后访问时间:2013年5月29日。
② http://www.blueprintsprograms.com/factSheet.php?pid=cb4e5208b4cd87268b208e49452ed6e89a68e0b8,最后访问时间:2013年5月28日。
③ http://www.mstservices.com/mst_ programs.php,最后访问时间:2011年11月10日。
④ http://mstservices.com/index.php/teams/teams,最后访问时间:2013年5月29日。
⑤ www.mstservices.com/overview_ a.pdf,最后访问时间:2013年5月29日。
⑥ Ellie D. Shefi, "Waiving Goodbye: Incarcerating Waived Juveniles In Adult Correctional Facilities Will Not Reduce Crime", University of Michigan Journal of Law Reform (2003): 685.
⑦ http://www.blueprintsprograms.com/resources/logic_ model/MST.pdf,最后访问时间:2013年5月29日。

到他的成长是受多重因素影响的。然而,多项研究表明,不良行为的发生直接或间接地与青少年本身及其所生长的环境有关(包括家庭、同龄人、学校及邻里等)。因此,期待它们的有效性是不现实的,一项有效的干预方法必须强调对多重反社会行为的关注。① 此外,其他的矫正方法将孩子在住所以外的场所(如拘留场所或矫正中心等)进行,并未改变其生长环境,但是青少年在治愈后还要回到这个环境中来,而这个环境将会继续对反社会行为造成影响。这就合理解释了为什么它们很少能取得积极、持续性的效果。更有甚者,在住所外进行教育的过程中,未成年犯还可能学会了新的犯罪行为。② 在该疗法中,治疗师(MST Therapist)通过增强照顾人的管教能力(如监督、管理、情感沟通等)、转变家庭职能的方式,最终改变青少年所处的环境——使其生活在一种能够促进亲社会行为的氛围之中。同时,治疗师一般会教授照顾人一些技能,比如如何使青少年离开有反社会行为的同伴、如何与有亲社会行为的同伴建立伙伴关系。③

治疗方案是诊疗师与家庭成员一起制定形成的。由于治疗方案对这个家庭而言是合理的且是建立在他们的生活优势基础上的,因此,该方案就更有可能在诊疗过程中及诊疗结束后继续被成功地执行。④ 此外,由于每个对象的个人因素(如认知)及系统因素(如家庭、同龄人和学校)对其影响是不同的,因此,相应的干预措施也是个性化且极为灵活的。⑤

具体的治疗方案包含以下内容:(1)增加照顾人的管教能力;(2)改善家庭关系;(3)使青少年与无犯罪行为的同伴成为朋友;(4)帮助青少年取得更好的成绩或者开创一项事业;(5)帮助青少年参与积极的项目(如运动或学校俱乐部等);(6)构建一个由大家庭、邻居及朋友组成的支

---

① Charles M. Borduin et. al, "Multisystemic Treatment of Serious Juvenile Offenders: Long - Term Prevention of Criminality and Violence", Journal of Consulting and Clinical Psychology (1995):569 – 570.
② http://mstservices.com/index.php/what – is – mst/treatment – model,最后访问时间:2013年5月29日。
③ http://www.blueprintsprograms.com/factSheet.php?pid=cb4e5208b4cd87268b208e49452ed6e89a68e0b8,最后访问时间:2013年5月29日。
④ http://mstservices.com/index.php/what – is – mst/treatment – model,最后访问时间:2013年5月29日。
⑤ Charles M. Borduin et. al, "Multisystemic Treatment of Serious Juvenile Offenders: Long - Term Prevention of Criminality and Violence", Journal of Consulting and Clinical Psychology (1995):571.

撑网，以协助照顾者维持这种改变。①

（三）多元化寄养疗法

1. 概述

多元化寄养疗法是一种针对有长期的反社会行为、情绪紊乱和不法行为的青少年的矫正方式。② 它致力于减少不良行为、增加亲社会行为的参与度和令家庭融洽和睦。为此，该疗法采用了一系列的措施，包括：进行严密的监督、设置合理且非朝令夕改的行为界限、明确在违反规矩时的可预见的后果、减少与不良同龄人的接触等。③ 较之住院治疗、监禁等矫正措施而言，是一种性价比高的替代措施。该疗法为被寄养人提供了一种有组织的、对身心健康有益的环境——寄养家庭（alternative family home/foster family）。④ 有实验表明，与其他方式相比，此种方式明显地降低了再次逮捕率。⑤

2. 治疗对象

此疗法针对的群体是具有长期的反社会行为、情绪困扰和违法犯罪行为的青少年。年龄跨度为12至18周岁。⑥

3. 具体内容

矫正活动主要由寄养家庭负责实施，项目负责人（case manager）则每天通过电话沟通的方式以及每周借由召开寄养父母集体会议的方式进行严密的监督和全程的支持。通过与寄养父母的沟通，便可以了解青少年的治疗或矫正情况，以便确定接下来如何进行治疗。该矫正措施是渐进和变化的。比如，由于每天要做的事情及希望达到的效果都是明确的，因此这种疗法非常具有可考量性。如果青少年有长进，那么他们就会拥有更大的自由、更少受到成年人的监督。此外，在进行治疗时，也非常注重培养青少年的人际交往

---

① http://mstservices.com/index.php/what-is-mst/treatment-model，最后访问时间：2013年5月29日。

② http://www.blueprintsprograms.com/factSheet.php?pid=632667547e7cd3e0466547863e1207a8c0c0c549，最后访问时间：2013年5月30日。

③ http://www.blueprintsprograms.com/allPrograms.php，最后访问时间：2013年5月30日。

④ http://www.blueprintsprograms.com/factSheet.php?pid=632667547e7cd3e0466547863e1207a8c0c0c549，最后访问时间：2013年5月30日。

⑤ Ellie D. Shefi, "Waiving Goodbye: Incarcerating Waived Juveniles In Adult Correctional Facilities Will Not Reduce Crime", University of Michigan Journal of Law Reform (2003): 685.

⑥ http://www.blueprintsprograms.com/factSheet.php?pid=632667547e7cd3e0466547863e1207a8c0c0c549，最后访问时间：2013年5月30日。

能力和加强其对亲社会行为的参与（如运动、爱好及其他休闲项目）。一般情况下，在寄养家庭的生活时间为6个月。①

由于寄养家庭在矫正活动中发挥着重要的作用，因此，很有必要对其予以进一步的介绍。寄养家庭必须经过审批和培训方能正式参与矫正活动。潜在的寄养父母需要经过严密的审批程序（screening process）方能入选。一旦确定其资质合格，则会对他们进行家访（home visit）。在进行家访的过程中，将会向寄养父母详细地介绍该项目，并且会向他们讲解该项目的预期及培训认证要求（training certification requirements）。寄养父母需要接受长达20小时的职前培训（preservice training）。通过职前培训，他们将学习如何分析一项行为、如何进行每天的个性化项目安排、如何与生养家庭（biological family）沟通、了解该疗法的操作规程及步骤。在培训过程中，还强调寄养父母对巩固方式和鼓励方式（techniques for reinforcing and encouraging）的学习。通过审批和培训，相关工作人员便可以很好地了解这个寄养家庭，并据此安排适合的治疗对象。②

三、我国未成年犯矫正方式的借鉴与完善

美国的前述三种矫正方式，其应用范围显然包括我国所谓未成年犯矫正制度的范围。因此，存在将上述制度移植到我国的可能性。

（一）借鉴的可行性

1. 目的的同一性

刑罚的目的是刑罚理论中的一个重要问题。对此，笔者赞同我国学者陈兴良教授提出的刑罚目的的二元论，即报应目的与预防目的的统一，即在刑事活动中，应当同时兼顾报应和预防这两个目的。但是，在刑事活动的不同阶段（即刑罚创制、裁量和执行阶段），两者应有所侧重。比如，在刑罚执行阶段，个别预防便是行刑活动的主要目的。个别预防是与一般预防相对应的。在近代，个别预防是以矫正为基础的，注重消除犯罪人的人身危险性，

---

① http://www.blueprintsprograms.com/factSheet.php?pid=632667547e7cd3e0466547863e1207a8c0c0c549，最后访问时间：2013年5月30日。
② http://www.blueprintsprograms.com/factSheet.php?pid=632667547e7cd3e0466547863e1207a8c0c0c549，最后访问时间：2013年5月30日。

通过生理与心理的矫治方法，以帮助犯罪人复归社会。① 未成年犯的矫正，即可归于个别预防目的的实现。在这一点上，中国的刑罚目的理论和美国刑罚目的理论②是同一的。可以说，个别预防是中国、美国刑罚理论的共同追求。

2. 理论基础的认同

实务性家庭疗法、多系统疗法和多元化寄养疗法的设计原理或基础是可以为中国刑法学界甚或中国文化所认可的，比如家庭环境的重要性、集中矫正的弊端、帮助其回归社会的目的、有针对性矫正措施的益处等。

首先，美国的这三种方式均强调了"家庭环境"的重要性，只是其表现方式略有不同。实务性家庭疗法把家庭作为干预的焦点，他们认为对青少年的不良行为，不能仅仅止步于避免再犯，而是更应当促成其家庭环境的改变，故而治疗师会采用家长基本技能培训和得失衡量技巧培训等方式改变其生长的环境；多系统疗法将家庭成员作为主要执行人，目的在于使家长获得独自处理青少年问题的能力，因此，在治疗中，治疗师将采取措施以增强照顾人的管教能力（如监督、管理、情感沟通等）、教授照顾人一些技能（如何使青少年脱离反社会行为的同伴、如何与亲社会行为的同伴建立关系）以实现矫正目的；多元化寄养疗法为被寄养人提供了寄养家庭，通过对寄养父母进行培训的方式，使他们有能力分析一项行为、进行每天的个性化项目安排、与生养家庭沟通等。

其次，美国的这三种方式均摒弃了"集中矫正"的方式。集中矫正这种方式的弊端是显而易见的，本文所提及的这三种制度，同样达到了成功解决这个难题的效果。不采用集中矫正的理论考量同中国"近朱者赤，近墨者黑"这一成语所彰显的内涵一致，即经常跟不良青少年接触的青少年犯，更容易产生或加剧不法行为，这也解释了为什么集中治疗会导致"交叉感染"的问题。因此，更科学的干预方式必须减少不良同龄人的影响并将他们置于一个没有违法行为的环境中。在我国的司法实践中，监禁刑这种集中

---

① 参见陈兴良：《刑罚目的新论》，载《华东政法学院学报》2001年第3期，第3~9页。
② Roger K. Warren, "Evidence-Based Practices and State Sentencing Policy: Ten Policy Initiatives to Reduce Recidivism", Conference of Chief Justices and Conference of State Court Administrators (2006): 1308.

矫正方式的弊端也已经显现出来，探索和践行隔离的、有针对性的矫正措施，是中国未成年犯矫正方式的未来方向。

再次，美国的这三种方式均涉及让不良青少年回归社会、融入社会的制度设计。实务性家庭疗法借由家长管教能力的改变和维持，间接实现使青少年融入社会的目的；多系统疗法也非常强调对孩子进行技能教育，使其能更好地融入社会；多元化寄养疗法也非常注重培养青少年的人际交往能力和加强其对亲社会行为的参与（如运动、爱好及其他休闲项目）。人是社会性动物，被社会所隔离、不能融入社会将使其处于非常痛苦的处境，并有可能诱发犯罪。唯有使未成年犯再度融入社会，方能从根本上减少其再次犯罪的可能。

最后，美国的这三种方式都非常注重有针对性的治疗。比如，实务性家庭疗法的第三、第五两个阶段均关注对治疗对象的个案情况的了解和应对；多系统疗法的治疗方案是与家庭成员一起量身定做的；多元化寄养疗法中寄养父母的选择，是根据被寄养人的特殊性选择的，且其矫正措施是根据每天的电话沟通和每周的集体会议进行调整的。

（二）借鉴途径

首先，未成年犯的家庭环境以及其回归社会后所需要应对的社会环境对其今后的行为有很大的影响，故而应予关注和改变。由于父母在未成年的成长过程中发挥了极大的作用，即未成年的社会适应能力是由父母适当的监督、父母在必要时对结果的关注以及父母的推动下形成的。当父母与未成年的关系不甚融洽时，行为不端的朋友更容易对未成年人不法行为的形成和维持产生负面作用。更有甚者，当父母自身存在不法行为或不端行为时，其对未成年人的影响更大。因此，不难得出，在治疗的过程中，除对未成年犯采取矫正措施外，对其家长的教育亦是刻不容缓。此外，由于治疗师的治疗或参与只是阶段性的，他们可能因为治疗目的实现或者治疗期满而终止治疗，因此，增强家长的管教能力才是治本之策。然而，我国刑罚理论中普遍接受的观点是任何人不因他人的不法行为受处罚，因此，对家长的教育并不能称之为刑罚，而只能界定为一种辅助措施。笔者认为，对家长的教育包括但不限于协助戒毒、教授管教技巧等。

其次,对未成年犯的矫正要加强针对性,从而增强矫正的实际效果。在矫正前,要了解和分析未成年犯的犯罪类型和心理特点,并提出针对性的意见。比如,未成年犯是初犯还是累犯、是侵犯人身的犯罪还是侵犯财产的犯罪,未成年犯的家庭成长环境对于犯罪行为的形成是否有关、有何影响等。在开始矫正后,要根据未成年犯的行为表现和心理动向,及时更新矫正方法。

再次,减少和解决集中矫正所带来的隐含问题。集中矫正的成本较低,但是,其带来的隐忧是交叉感染的问题。对未成年行为的形成和维持问题上,未成年深受其所接触的人群的影响。因此,把一些都有着犯罪历史的未成年犯放在一起,则增加了他们与其他有犯罪前科的同龄人的接触,进而会增加犯罪的可能性。但是,中国目前的很多矫正方式都把犯罪分子放在一起进行治疗,这其实更增加了他们对这个群体的认同性和再次犯罪的可能性。因此,更科学的干预方式必须包含:减少其他未成年犯的影响、将未成年人置于一个没有违法行为的环境中等。

最后,广泛吸纳业余矫正人员,积极调动学校的参与。借鉴美国的矫正理论和做法并不意味着照搬,必须结合我国的实际情况才能取得较好的效果。诸如美国所设的专业诊疗师也许会导致费用过高而令人望而却步,因此,可以充分调动退休心理医生、为人和善的老人、社会志愿者的积极性,使其作为业余的诊疗师协助治疗。又如,充分利用学校这一矫正渠道,一改以往对有劣迹行为的学生予以开除学籍的处罚措施,而是加强对学生的制约、保护和矫正,以重塑其自我管理的能力、降低未成年犯再次融入社会的阻碍。此外,治疗可以采取适度集中的方式,比如通过聘请专家开展讲座和匿名互动的方式。

结　论

未成年人的心理不甚成熟,极易受到周边环境的影响,因此,在触犯刑法后,需要对其采取特殊的惩罚和教育措施。然而,我国的立法和司法实践并没有充分重视这一点,而是采取集中矫正、非针对性矫正的方式,这不仅可能导致"交叉感染"的后果,而且使得矫正的效果大打折扣。美国也曾遇到过类似的问题,其通过采纳不同种类的防治青少年不良行为的方式,有效地减少了累犯率。本文所提及的这三种制度,是由美国科罗拉多大学暴力研究和预防中心所认可的三种矫正方式。它们均避免了集中治疗、推崇有针对性的治疗,并且更加关注青少年所处环境的改变,达到了"标本兼治"的目的,故而恰好可以弥补我国立法与司法之不足,对我国相关立法的具体化和司法实践的针对性颇具借鉴意义。然而不容忽视的是,我国目前尚不具备采取美国这种矫正措施的前提,这包括人员供给不足、法律扶持缺位及设施配备欠缺等。因此,在借鉴这三种制度时,应当根据我国的实际情况作出相应的调整,以移植该制度,实现未成年犯矫正的目的。

论我国未成年人刑事案件
社会调查制度之适用与完善

蒋继业* 王 佳**

内容提要: 修改后的刑事诉讼法将未成年人刑事案件诉讼程序作为专章列入了"特别程序"编,明确规定了社会调查制度。现阶段,社会调查制度在可能判处非监禁刑的未成年人刑事案件中得到了广泛的适用,但仍存在调查主体不尽统一、报告内容形式过于简单、缺乏统一采信标准、适用的案件范围不够宽泛等问题。社会调查可以将导致涉罪未成年人违法犯罪的种种社会、家庭、心理因素纳入对未成年人犯罪行为的审判过程中,通过对涉罪未成年人犯罪轨迹的探究,发现其生命进程中的变迁或者转折点,选择适当的矫正和处遇模式修正未成年人的生命轨迹,实现罪错未成年人对主流社会的归正。因此,我们有必要在分析社会调查报告的可采性、明确其适用条件的基础上,通过调查主体社会化、内容形式规范化、采信标准明确化等方面的努力来逐步完善社会调查制度在未成年人刑事案件中的适用。

社会调查制度,又称庭前调查制度或人格调查制度,是指在法院判决前,由专门机构对被告人的个人情况、家庭环境、犯罪背景等进行专门调查分析,并对其人身危险性进行系统评估后,将调查评估报告提交法院,供法院在审理时参考的制度。① 由于通过社会调查所获得的有关该被告人的品性、能力、性格等人格特征正是其人身危险性的表征,因此,社会调查制度是获知犯罪人人身危险性,进而实现刑罚个别化的重要途径。

---

* 江苏省常州市中级人民法院审判委员会委员,办公室主任,未成年人案件综合审判庭庭长。
** 江苏省常州市中级人民法院未成年人案件综合审判庭助理审判员。
① 沈利、陈亚鸣:《刑事案件未成年被告人社会调查制度的法理考察与司法实践》,载《青少年犯罪问题》2008 年第 2 期,第 53~57 页。

作为《北京规则》缔约国之一，为了在整个未成年人刑事案件诉讼过程中贯彻"教育为主、惩罚为辅"的办案原则，修改后的刑事诉讼法及其司法解释、《人民检察院刑事诉讼规则（试行）》《公安机关办理刑事案件程序规定》等规范性文件均明确规定了对未成年犯罪嫌疑人、被告人开展社会调查、制作社会调查报告制度。①

一、未成年人刑事案件社会调查制度的现状

（一）社会调查报告对非监禁刑适用具有重要影响

家在四川的小彭（化名），还不满17岁就外出打工。因工资经常不够开销，为了想弄点钱上网吧，2012年2月的一天晚上，小彭与另一名同伴合伙预备抢劫，携带刀、匕首等驾驶摩托车在路上伺机作案。在寻找作案对象时被巡逻民警抓获。江苏省常州市武进区人民法院少年庭受理该案后，承办法官在开庭审理前走访了小彭打工的企业、居住地的村民委员会，通过与其亲属、工友、领导、邻居等的交流，了解到小彭初中未毕业即外出打工，文化程度低，法制观念弱，由于远离父母、无人监管，一时为好逸恶劳的念头所蒙蔽，以致走上了被告席。少年法庭考虑到小彭是未成年人，系犯罪预备，且认罪悔罪态度好，结合社会调查的情况，对小彭作出犯抢劫罪（预备），免予刑事处罚的判决。

上述案例是人民法院在采纳了社会调查报告后对涉案未成年人适用非监禁刑的典型。由于主要涉及未成年被告人的前科劣迹、学校和社区对其评价、其行为倾向、心理特征、诚实善良或欺诈自私等优良或不良的品格内容，较为真实地反映了未成年被告人的人身危险性，社会调查报告在未成年人刑事案件非监禁刑适用中具有重要影响。

（二）现行社会调查制度存在的主要问题

1. 调查主体不尽统一。这里所讲的调查主体分为启动调查的主体和接受委托的调查主体。关于启动调查的主体，根据修改后的刑事诉讼法第二百

---

① 具体条文参见：刑事诉讼法第二百六十八条、《最高人民法院关于适用〈中华人民共和国刑事诉讼法〉的解释》第四百七十六条、《人民检察院刑事诉讼规则（试行）》第四百八十六条、《公安机关办理刑事案件程序规定》第三百一十一条。

六十八条及其司法解释第四百七十六条的规定,公检法机关及辩护人均有权开展社会调查。关于接受委托的调查主体,2010 年中央综治委、"两高三部"及团中央等六单位会签出台《关于进一步建立和完善办理未成年人刑事案件配套工作体系的若干意见》明确规定,社会调查"由未成年犯罪嫌疑人、被告人户籍所在地或居住地的司法行政机关社区矫正工作部门负责",修改后的《最高人民法院关于适用〈中华人民共和国刑事诉讼法〉若干问题的解释》第四百七十六条则规定"可以委托未成年被告人居住地的县级司法行政机关、共青团组织以及其他社会团体组织对未成年被告人的上述情况进行调查"。从各地的司法实践来看,调查主体也呈现出多元化。这种"谁都可以调查"的状况极易造成遗漏调查或重复调查。调查主体不同的诉讼地位及诉讼目的,导致视角不同,重点不一,收集的材料也不尽一致、全面,很有可能出现多份互相冲突的社会调查报告,这样必然浪费诉讼资源,也不便于法官正确裁判案件。

2. 内容形式过于简单。虽然司法解释明确未成年人刑事案件中社会调查的内容是"未成年被告人性格特点、家庭情况、社会交往、成长经历、犯罪原因、犯罪前后的表现、监护教育等情况",但在实践中,由于这些情况大都是通过向家庭、学校、社区中的相关人员了解后获取的,往往仅是一些基本情况,缺乏对于对未成年人性格的形成产生过重大影响的人、阅读偏好、未成年人父母的人品、成长过程中的闪光点等情况的深入挖掘和收集;同时,仅规定调查结果须以书面形式提交,未明确具体的格式,因此,实践中一些法院自行设计的《社会调查表》仅就须调查的内容设置若干固定选项,由调查对象选择。这种粗放型的调查方式流于形式,很难真正反映出未成年被告人的人格特性。

3. 缺乏统一采信标准。首先,当深入学校、社区调查形成的调查材料和有关诉讼参与人的说法之间发生矛盾时,往往因没有统一、规范的采信标准,使法官难以作出舍取,甚感左右为难。其次,由于缺乏法律明确、统一的规定,社会调查报告也难以像其他证据一样,在法庭调查阶段进行举证、质证,以致其离真正达到客观真实的证据属性,并在量刑时得以大胆运用,尚存在较大差距。①

---

① 赵从萍:《未成年人品格证据制度的现状与完善》,载《青少年犯罪问题》2008 年第 5 期,第 70~72 页。

4. 适用的案件范围不够宽泛。因客观条件所限，目前社会调查尚未普及所有未成年人刑事犯罪案件，往往仅限于犯罪事实较轻，具备管制、缓刑条件的案件。因此，社会调查的适用似乎具有很明确的目的性，更多是为了考虑适用缓刑的效果，便于非监禁刑犯进入社区矫正，对可能判处实刑的调查重视程度不够。

二、社会调查报告在未成年人刑事案件中的适用

（一）社会调查报告作为证据使用的正当性分析

1. 人身危险性——社会调查报告的证明对象

人身危险性指的是犯罪人的存在对社会所构成的威胁，即其再犯的可能性。[①] 现代刑法理论中，刑罚的适用既考虑犯罪的情状，也考虑犯罪分子重新犯罪的可能性。刑法将"没有再犯罪的危险"作为可以适用缓刑的条件之一，这其中的"没有再犯罪的危险"实质内容指的就是犯罪人的人身危险性。通常情况下，人身危险性与人格有密切联系，其"表现为犯罪可能性或犯罪以后再次犯罪的可能性，而这种可能性是以行为人的犯罪倾向性和人格为基础的"。[②] 由于未成年人年龄小，在生活中不易伪装，表现更多的是真实的自我，因此，社会调查报告在反映和预测未成年被告人人身危险性时具有较大的可信性。

2. 刑罚个别化——社会调查报告的适用目的

刑罚个别化是基于犯罪人的个体差异而采取不同的处分方法。社会调查报告的内容正是贯彻实施刑罚个别化的前提"个体差异"的一种表现形式，换言之，社会调查报告是刑罚个别化的依据，刑罚个别化是适用社会调查报告的目的。早在1955年联合国第一届预防犯罪及罪犯处遇大会上就有人提出：实行个别处遇，应从人格调查着手，必先根据精密的调查，由是进而决定个别处遇之方法，始便于分类收容。[③]

3. 教育、感化、挽救——社会调查报告的帮教功能

坚持"教育为主、惩罚为辅"的原则，贯彻"教育、感化、挽救"的

[①] 邱兴隆、许润章：《刑法学》，中国政法大学出版社1999年版，第259页。
[②] 参见赵永红：《人身危险性概念新论》，载《法律科学》2000年第4期，第74~81页。
[③] 林纪东：《刑事政策学》，台湾地区中正书局1969年版，第89页。

方针，是我国对违法犯罪的未成年人司法保护的基本指导思想。切实贯彻该指导思想，必须依靠广泛的社会调查。因为，仅有司法机关所查明的未成年人的犯罪事实，无法为教育和矫治有罪错的未成年人提供完整的依据，只有精准的社会调查报告才能让这种教育和矫治有的放矢。简言之，社会调查报告是"教育、感化、挽救"方针的必然要求，它在未成年人刑事诉讼程序中的使用最终保障了"教育、感化、挽救"方针得以实现。

（二）社会调查报告在未成年被告人定罪中的适用

有一种观点认为，良好品格不仅与被告人的可信性相关，与被告人是否犯有所指控的罪行也是相关的，具有良好品格的人犯被指控的罪行的可能性更小。该种观点将品格纳入了未成年人刑事案件犯罪构成的要件，是否具有良好品格可能会使"此罪"成为"彼罪"、"有罪"成为"无罪"。① 笔者认为，是否构成犯罪或者构成何种犯罪，都应严格按照犯罪构成要件来加以判断。不能以不良品格"入罪"，同样也不能以良好品格"出罪"。

虽然社会调查报告中未成年被告人品格良好的证据可以被采信，但该种采信在定罪阶段是原则上禁止的。例外只有两个：一是与该良好品格对应的不良品格系犯罪构成要件事实，具备该良好品格即不可能构成犯罪②；二是法庭将良好品格与其他情节综合评价后，认为符合"情节显著轻微、危害不大"的标准，可以适用我国刑事诉讼法第十五条第一款宣告无罪。

（三）社会调查报告在未成年被告人量刑中的适用

我国刑法第五条规定："刑罚的轻重，应当与犯罪分子所犯罪行和承担的刑事责任相适应。"正确把握"相适应"必然要求考虑犯罪人的个人情况及其人格特征，即"刑法应切中人的意志"。③ 今日，各国在量刑上，均充

---

① 该种观点认为，例如，一个15岁的少年常在校门口索要零钱，不给就以暴力相威胁。按照我国刑法规定，该行为已构成抢劫罪。但如果社会调查报告显示该少年有礼貌、乐于助人、无不良记录，则可以认为他没有正确理解其暴力威胁行为的违法性，抢劫罪明显超出其犯罪故意，因而认定其为寻衅滋事行为，因未满16周岁，故不作犯罪处理。参见石金平、高俊生、贾冬梅：《品格证据在审理未成年人案件中相关性研究》，载《诉讼证据制度研究》，人民法院出版社2001年版，第173页。
② 刑法第三百五十一条第一款第（二）项是为例证。
③ 冯亚东：《理性主义与刑法模式》，中国政法大学出版社1999年版，第101页。

分考虑犯罪人的人格在量刑中的重要意义。① 我国在处理未成年人刑事案件的司法实践中，也特别强调未成年人品格对量刑的作用。《最高人民法院关于审理未成年人刑事案件具体应用法律若干问题的解释》第十一条第二款规定："对未成年罪犯量刑应当依照刑法第六十一条的规定，并充分考虑未成年人实施犯罪行为的动机和目的、犯罪时的年龄、是否初次犯罪、犯罪后的悔罪表现、个人成长经历和一贯表现等因素。"同时，随着近年来非监禁刑在未成年人刑事案件中的扩大适用以及社区矫正等非监禁处遇方式的发展，是否选择非监禁刑，以及选择何种非监禁处遇方式，均依赖于社会调查对涉罪未成年人品格的调查和分析。因此，在量刑阶段突出社会调查报告的作用，对于对涉罪未成年人实施个性化矫治具有积极的作用。

社会调查报告在未成年人刑事案件量刑阶段的采纳规则：（1）除品格系犯罪构成要件事实及未成年被告人一方以"情节显著轻微、危害不大"作无罪辩护之外，社会调查报告只能在对未成年被告人犯罪事实认定后才能提出；（2）结合目前量刑规范化改革中量刑程序的相对独立，社会调查报告应在法庭调查阶段就量刑事实和证据集中进行法庭调查时提出；（3）无论该社会调查报告由何方提交，均应坚持全面调查原则；② （4）无论该社会调查报告由何方提交，均应作为量刑证据进行质证；（5）无论是否有社会调查报告，无论该报告由何方提交，未成年被告人均有权向法庭提供相关书面材料，证明自己改造的可能性，及具有良好的社会帮教环境，争取判处最为轻缓、适当的刑罚。

三、完善社会调查制度的几点思考

社会调查有助于对未成年被告人公正审判的实现，而社会调查也需要更具体完备的程序来加以规范，否则，就极有可能滋生司法腐败，使其成为某些未成年罪犯的避风港。

---

① 例如《美国联邦刑事诉讼规则》规定，在陪审团认定被告人的行为构成犯罪之后，法官在课刑之前还应当听取缓刑监督官有关被告人品格的报告。
② 全面调查原则是审理未成年人刑事案件中的一个特有原则，指司法机关在办理未成年人案件中，除对案件事实证据收集、审查外，还要对导致未成年人被指控罪行的主观和客观原因以及对未成年人特殊性格形成产生过重大影响的人、书籍等情况进行调查，注意调查收集家庭、学校、单位等各方面的反映，了解少年身心状况、一贯表现、个性特点和道德品行，查清他们成长的过程、犯罪的原因及作案的动机目的。参见康树华主编：《预防未成年人犯罪与法制教育全书》（中卷），西苑出版社 1999 年版，第 895 ~ 896 页。

（一）调查主体可逐步向社会化发展

如前所述，目前未成年人刑事案件社会调查的主体不尽统一，可以是公、检、法自行调查，也可以是委托有关社会团体开展调查。笔者认为，社会团体组织作为调查主体更具有理论合理性和实践意义。

首先，公、检、法或辩护人担任社会调查主体存在一定的弊端。如检察官，社会调查制度要求其积极介入涉案未成年人的生活环境甚至内心世界，查明其中能够影响法官定罪量刑的情节，这些要求似乎与其指控犯罪的首要职责不相协调。① 调查过程的"先入为主""先定后审"的弊端，则有可能对法官公正判决产生影响。而由辩方担当社会调查主体，调查内容可能有失偏颇，调查报告极易沦为脱罪的工具。

其次，由社会团体组织进行未成年被告人个体情况的调查，亦是各国审理少年刑案采用的常见形式。② 社工等社会团体组织人员，不仅熟悉未成年人身心特点，具有亲和力，且相对独立于各方当事人，所做社会调查报告更具客观性，还可弥补司法资源紧张等缺陷，是人民参与司法的具体表现。③

（二）社会调查员的法律地位应予明确

由有关社会团体组织根据委托进行社会调查时，受委托的人员即是社会调查员。社会调查员在刑事诉讼程序中担当怎样的诉讼角色，各方说法不一。笔者认为，社会调查员既非证人也非鉴定人，而应属于辅助审判的其他

---

① 黄柳：《浅析量刑建议的必要性与可行性》，载《当代法学》2003年第5期，第143～145页。
② 据中国政法大学青少年犯罪研究所皮艺军教授的调查，国外的社会调查员一般由专职社会工作者担任。作为独立的从业人员，对一个靠职业业绩和道德口碑"吃饭"的社工而言，他将对其向法院提供的社会调查材料的真实性承担全部责任，否则有可能犯"伪证罪"。
③ 实践中，我国许多少年审判起步早、基础好的地区均有由社会团体作为调查主体的实践。如上海长宁区的青少年保护委员会，广东两级法院面向社会招聘的以妇联、团委、教育人员、心理咨询师为主的"羊城少年法庭之友"等。这些社会调查员庭前进行社会调查，庭中参与法庭教育，庭后跟踪回访帮教，有效地支持了少年刑事审判各项工作的展开。

诉讼参与人，类似于美国的审前服务与缓刑官员。① 但无论对社会调查员的诉讼角色持何种看法，均应尽快从立法层面明确界定其法律地位，使其能以正当的名份参加庭审，独立自主地提出调查报告并接受各方质证。结合社会调查员参与法庭教育的职能，还应为其在法庭上设立专门席位，以显现其特殊的地位，保障其更好地履行职责。

（三）社会调查应提前启动

修改后的刑事诉讼法给予刑事案件的一审审理期限为普通程序两个月、简易程序20日，而大量的未成年人刑事案件适用的是简易程序。在如此短的时间内，法院很难自行或者委托其他部门提供一份客观全面、高质量的调查报告，容易导致调查流于形式，甚至失真失实。所以，有必要将社会调查的启动时间提前到侦查阶段，这样不仅能为调查的质量提供时间上的保障，而且能为侦查机关是否对未成年犯罪嫌疑人适用强制措施提供客观、准确的依据②，同时为检察机关的量刑建议提供重要参考。

（四）报告内容形式应予规范

笔者认为，社会调查报告的内容应包括但不限于以下情况：（1）身心健康方面，如身体体质与心理发育是否良好、性格特征内向还是外向、行为方式稳重还是冲动、习惯、爱好等；（2）家庭情况方面，包括家庭父母及直系亲属的基本情况、家庭经济状况及其个人消费情况、居住状况、其与家庭成员的感情和关系、家庭对其的教育、管理方法；（3）社会交往方面，主要指日常交友范围、活动场所；（4）成长经历方面，可具体细化在校表现、师生关系及同学关系、居住地居委会或村委会对其的评价、成长过程中对其产生重大影响的人或事、所受教育程度及法律意识；（5）案发前后的

---

① 在美国，当犯罪嫌疑人被拘捕后，审前服务与缓刑官员在其被带至治安法院出庭前，先与犯罪嫌疑人就其与所指控涉嫌的犯罪无关的个人背景情况，包括个人基本状况、婚姻家庭状况、经济就业状况、酒精和毒品使用情况、心理健康情况等进行面谈，并针对有关情况向有关人员和有关机构及部门进行调查、核实，然后就调查、核实的情况和犯罪嫌疑人在审前是否适于保释、定罪后可否适用缓刑的建议向法官提交报告，供法官作为决定保释与进行量刑时的参考。美国的这些审前服务与缓刑官员是为法官工作的，而不是为律师、政府官员或警察工作，完全独立于控辩双方，审前服务与缓刑机构及其雇员由政府提供费用。但他们的报告，辩方律师、检察官都可以看到并可向法官提出意见。

② 沈利、陈亚鸣：《刑事案件未成年被告人社会调查制度的法理考察与司法实践》，载《青少年犯罪问题》2008年第2期，第53~57页。

表现,如是否有前科劣迹或不良嗜好、案发后是否坦白交代罪行、是否有悔罪和立功表现等。除了对以上事实的调查,社会调查报告还须分析犯罪的原因,并就量刑以及后期的帮教矫治措施提出建议。

修改后的刑事诉讼法及公、检、法的配套规定仅要求社会调查的结果以书面形式提交,在具体的格式上未予明确。笔者认为,调查报告应有较为严格的形式要求,应固定为统一规范的格式。这不仅因为报告在性质上是一种法律文件,应以规范的形式彰显其法律效力,而且规范的报告形式更利于调查人准确制作,避免疏漏,也便于法院正确参考适用。

调查报告在形式上主要分为表格式和分段叙述式。无论采何种形式都应将原始的调查笔录或谈话笔录附后,以便对照核实,确保报告项下内容的真实性;无论采何种形式都应将调查项目编列为数个较为统一的栏目,并保证其内容详略得当,遣词准确,分析合理,避免空泛或不恰当的描述。如江苏省高级人民法院会同有关部门出台的《刑事案件未成年被告人审前调查实施办法(试行)》中规定的统一格式的《刑事案件未成年被告人审前调查表》,针对六项基本调查内容设计了 21 个项目 116 个选项供调查人员选用,避免了制度施行初期因调查人员经验不足或能力的差异而可能造成的报告内容混乱与疏漏。①

（五）确立和完善采信标准

证据必须具备合法性、关联性与客观性的特征,社会调查报告要上升为刑事诉讼证据,并在司法实践中发挥应有作用,也应具备同样的特征。因此,除需规范调查过程及报告内容形式之外,还应当确立一定的采信标准,因为"法官们无法基于调查者和消息来源者的宣誓进行准确裁判"②。

首先,应考察取证对象的社会公信度及其与未成年犯罪嫌疑人、被告人的熟悉程度。要全面、客观、准确地反映未成年犯罪嫌疑人、被告人的人格特征,必须向与其有较多接触,对其性格特点、思维方式、行为习惯、爱憎喜恶等均有相当程度了解的人员进行调查;同时,还应保证此类人员具有诚

---

① 沈利、陈亚鸣:《刑事案件未成年被告人社会调查制度的法理考察与司法实践》,载《青少年犯罪问题》2008 年第 2 期。

② Employment of Social Investigation Reports in Criminal and Juvenile Proceedings. Columbia Law Review, Vol. 58, 195, p. 722.

信、正直的品格。取证对象的社会公信度越高,与未成年犯罪嫌疑人、被告人越熟悉,该份社会调查报告的可采信就越高。

其次,所被评价的品格应集中于案件发生之时而非案件被起诉之时。证据应证明案件的真实情况。虽然品格作为一种"倾向"具有一定程度的延续性和稳定性,但由于自接受讯问开始,未成年犯罪嫌疑人对于受到刑罚制裁就有心理准备,出于害怕刑罚、趋利避害的天性,在整个刑事诉讼过程中安分守己、面目一新的表现,究竟能在多大程度上真实反映其人身危险性,值得怀疑。即便"实施被指控的犯罪后的表现"也是社会调查的内容之一,但其在社会危害性及人身危险性方面的证明力明显弱于案件发生时的其他人格表现。因此,社会调查的内容应向案件发生之时即已存在的那些人格特征倾斜。

(六)加强立法和地方指导性意见研究

首先,要加强适用社会调查制度的工作实践,积极为理论创新和证据立法提供依据;其次,司法机关可根据一个阶段的司法实践,就未成年人刑事案件社会调查的情况收集、内容形式、采信标准、质证规则等,制定有利于办案的指导性意见或规范性文件,以保证社会调查报告的规范运用;最后,要在深入研究、积极探索的基础上,建议立法部门就未成年被告人社会调查报告作为刑事证据使用确立相关的原则与程序等,作出相应的规定,满足未成年人特殊司法保护的实际需求。①

四、结语

我们认为,"教育、感化、挽救"始终是少年刑事司法制度的目的所在,"他应被惩罚,但他更应被宽容"。不断完善未成年人刑事案件的社会调查制度,将其与法庭教育、判后帮教等紧密结合起来,进行有针对性的个别化矫治,才能充分体现少年审判"以人性度人"的人文关怀。同时,不断完善未成年人刑事案件的社会调查制度,在总结经验的基础上,适时将其推行到所有刑事案件,将以人身危险性为基础的特定人格纳入刑法评价体系,才能真正把宽严相济的刑事司法政策落到实处,作出有效增加社会和谐因素的明智判决。

---

① 赵从萍:《未成年人品格证据制度的现状与完善》,载《青少年犯罪问题》2008年第5期,第70~72页。

未成年人犯罪记录封存制度的程序细化与完善

——以公、检、法新刑事诉讼法相关规定和解释为视角

于建平* 刘庆伟**

未成年人犯罪记录封存或消灭制度是《联合国保护被剥夺自由少年规则》和《联合国少年司法最低限度标准规则》明确规定的内容,是国际通行的做法①,也是我国司法改革的重点内容之一。我国各地法院进行了十余年的实践探索,积累了不少好的经验做法。继《刑法修正案(八)》规定免除被判处 5 年以下有期徒刑刑罚的未成年犯罪人的前科报告义务之后,新刑事诉讼法第二百七十五条明确规定了未成年人犯罪记录封存制度,这无疑是我国刑事立法的一个重大进步,是教育、感化、挽救方针和教育为主、惩罚为辅原则的生动体现,对于帮助未成年犯复学、就业、顺利回归社会等具有重要现实意义。但是,未成年人犯罪记录封存制度的正式确立在维护未成年犯罪人合法权益方面只是迈出了第一步,还有许多问题需要进一步解决。②其中,最重要和急迫的问题是,新刑事诉讼法关于未成年人犯罪记录封存制度的相关规定过于原则笼统,缺乏可操作性,公、检、法三家的相关规定和解释各有异同,除在未成年人犯罪记录封存的条件和封存之后的效力方面达成共识之外,对于封存的实施主体、具体程序、救济措施等都没有形成明确一致的意见。为解决具体操作中工作措施不规范、不统一的问题,有必要在分析比较公、检、法三家相关规定和解释的基础上,对未成年人犯罪记录封存制度进行进一步细化和完善。

---

* 山东省泰安市中级人民法院刑三庭庭长。
** 山东省泰安市中级人民法院刑三庭法官。
① 彭瑶:《未成年人犯罪记录封存制度有感》,载《农民日报》2012 年 4 月 5 日。
② 齐奇:《未成年人犯罪记录封存应制定细则》,载《人民日报》2013 年 5 月 9 日。

一、公、检、法新刑事诉讼法相关规定和解释对未成年人犯罪记录封存制度的规定及其比较

（一）公、检、法新刑事诉讼法相关规定和解释对未成年人犯罪记录封存制度的规定

最高人民法院《关于执行〈中华人民共和国刑事诉讼法〉若干问题的解释》（以下简称最高法《解释》）第四百九十条规定："犯罪时不满十八周岁，被判处五年有期徒刑以下刑罚以及免除刑事处罚的未成年人的犯罪记录，应当封存。2012年12月31日以前审结的案件符合前款规定的，相关犯罪记录也应当封存。司法机关或者有关单位向人民法院申请查询封存的犯罪记录的，应当提供查询的理由和依据。对查询申请，人民法院应当及时作出是否同意的决定。"

公安部《办理刑事案件程序规定》（以下简称公安部《程序规定》）第三百二十条规定："未成年人犯罪的时候不满十八周岁，被判处五年有期徒刑以下刑罚的，公安机关应当依据人民法院已经生效的判决书，将该未成年人的犯罪记录予以封存。犯罪记录被封存的，除司法机关为办案需要或者有关单位根据国家规定进行查询外，公安机关不得向其他任何单位和个人提供。被封存犯罪记录的未成年人，如果发现漏罪，合并被判处五年有期徒刑以上刑罚的，应当对其犯罪记录解除封存。"

最高人民检察院《人民检察院刑事诉讼规则（试行）》（以下简称最高检《诉讼规则》）用了五个条文，分别是：第五百零三条："犯罪的时候不满十八周岁，被判处五年有期徒刑以下刑罚的，人民检察院应当在收到人民法院生效判决后，对犯罪记录予以封存。"第五百零四条："人民检察院应当将拟封存的未成年人犯罪记录、卷宗等相关材料装订成册，加密保存，不予公开，并建立专门的未成年人犯罪档案库，执行严格的保管制度。"第五百零五条："除司法机关为办案需要或者有关单位根据国家规定进行查询的以外，人民检察院不得向任何单位和个人提供封存的犯罪记录，并不得提供未成年人有犯罪记录的证明。司法机关或者有关单位需要查询犯罪记录的，应当向封存犯罪记录的人民检察院提出书面申请，人民检察院应当在七日以内作出是否许可的决定。"第五百零六条："被封存犯罪记录的未成年人，

如果发现漏罪，且漏罪与封存记录之罪数罪并罚后被决定执行五年有期徒刑以上刑罚的，应当对其犯罪记录解除封存。"第五百零七条："人民检察院对未成年犯罪嫌疑人作出不起诉决定后，应当对相关记录予以封存。具体程序参照本规则第五百零四条至第五百零六条的规定。"

（二）公、检、法新刑事诉讼法相关规定和解释对未成年人犯罪记录封存制度所作规定的相同点

从上述规定和司法解释来看，公、检、法三家都对新刑事诉讼法第二百七十五条作了进一步分解细化，其共同点体现在两个方面：一是封存的条件是"犯罪的时候不满十八周岁"，并"被判处五年有期徒刑以下刑罚"；二是封存的效力，即"除司法机关为办案需要或者有关单位根据国家规定进行查询外，公安机关不得向其他任何单位和个人提供"。这两点都是新刑事诉讼法第二百七十五条明确规定的。

（三）公、检、法新刑事诉讼法相关规定和解释对未成年人犯罪记录封存制度规定的不同点

一是关于封存的条件。公安部《程序规定》和最高检《诉讼规则》规定封存的条件是："犯罪的时候不满十八周岁"，并"被判处五年有期徒刑以下刑罚"。最高法《解释》规定封存的条件则是："犯罪时不满十八周岁，被判处五年有期徒刑以下刑罚以及免除刑事处罚。"后者增加规定未成年人犯罪"免除刑事处罚"的，其犯罪记录也应封存。

二是关于封存的解除。公安部《程序规定》和最高检《诉讼规则》均规定："被封存犯罪记录的未成年人，如果发现漏罪，且漏罪与封存记录之罪数罪并罚后被决定执行五年有期徒刑以上刑罚的，应当对其犯罪记录解除封存。"最高法《解释》则无相关规定。

三是关于封存的程序。最高法《解释》基本未规定具体程序，第四百九十条第三款规定："司法机关或者有关单位向人民法院申请查询封存的犯罪记录的，应当提供查询的理由和依据。对查询申请，人民法院应当及时作出是否同意的决定。"该款无具体内容，基本无实际意义。公安部《程序规定》除了规定"应当依据人民法院已经生效的判决书"对未成年人犯罪记

录进行封存外,没有其他相关程序规定。相比而言,最高检《诉讼规则》在程序方面规定得更为具体,包括:"在收到人民法院生效判决后"对犯罪记录予以封存;未成年人犯罪档案保管制度;司法机关或者有关单位查询犯罪记录需以书面方式提出,必须在7日以内予以答复等。

四是关于其他内容。最高法《解释》规定:"2012年12月31日以前审结的案件符合前款规定的,相关犯罪记录也应当封存。"最高检、公安部无类似规定。最高检《诉讼规则》不仅规定"除司法机关为办案需要或者有关单位根据国家规定进行查询的以外,人民检察院不得向任何单位和个人提供封存的犯罪记录",而且还明确规定"不得提供未成年人有犯罪记录的证明"。最高法、公安部无此内容。此外,最高检《诉讼规则》还规定:"对未成年犯罪嫌疑人作出不起诉决定的",也对相关记录予以封存。这也是最高检独具特色的规定。

公、检、法的相关规定和解释在未成年人犯罪记录封存制度上的规定同少而异多,有认识不同的原因,也有部门立法的原因。但无论原因如何,都不应成为阻碍未成年人犯罪记录封存制度有效贯彻实施的障碍。公、检、法在办理刑事案件中分工负责、互相配合、互相制约是宪法明确规定的一项基本原则,在未成年人犯罪记录封存这一牵扯多个部门的制度设计中,上述原则更应当得到坚定不移的贯彻。应以维护未成年犯罪人的合法权益为终极目的和衡量标准,对未成年人犯罪记录封存制度进行细化和完善。

二、关于未成年人犯罪记录封存的适用条件

如前文所述,公、检、法在未成年人犯罪记录封存适用条件的轻罪方面有共同点,即均规定"五年有期徒刑以下刑罚"。但同时,最高法《解释》增加规定了"免除刑事处罚的",最高检《诉讼规则》增加规定了"对未成年犯罪嫌疑人作出不起诉决定的"。根据举轻以明重的法理,这两项增加的规定也是合情合理的。[①] 另外,在封存适用的时间条件上,公安部、最高检均未予明确,最高法《解释》明确规定"2012年12月31日以前审结的案件符合前款规定的,相关犯罪记录也应当封存"。笔者认为,最高法的规定

---

① 马东、方芳、岳琳:《未成年人刑事案件诉讼程序实务探析》,载《法律适用》2012年第9期。

是非常必要的。不能因为新刑事诉讼法实施时间而人为在维护未成年犯罪人合法权益方面画一条时间线。对于新刑事诉讼法实施之前符合封存条件的，没必要依职权主动去封存，因为工作量会很庞大，而且有的案情业已公开，已无封存之必要。因而，对于新刑事诉讼法实施之前审结的案件，符合封存条件并且有封存必要的，经未成年犯罪人或其近亲属申请，可以准许并予以封存。

除了上述基本条件之外，未成年犯罪人的悔罪表现应否作为封存的条件之一存在较大争议。有观点主张应将有犯罪记录者在法定期间未有再犯罪以及实施其他严重的违法行为作为其表现方面的要求。这一要求使前科封存的适用保持在适当的范围，可以最大限度地发挥犯罪记录封存制度的作用。①也有一些国家的立法例持相同态度，如《德国少年法院法》规定只有当"被判刑少年的行为无可挑剔，证实已具备正派品行"时，少年法官才可依少年之申请消除其前科犯罪记录。②当然，也有不少国家和地区（如我国台湾地区及澳门特别行政区）未设定未成年犯罪人悔罪的实质性条件。笔者认为，虽然将未成年犯罪人悔罪情况作为封存条件有利于维护社会利益，防止使未成年人犯罪记录封存制度简单化为未成年犯罪人的一项福利，但是，既然新刑事诉讼法未规定该实质性条件，从有利于被告人的角度考量，不应该在实践操作中加入这一条件。

综上，未成年人犯罪记录封存的适用条件应当包括：一是主体条件，即犯罪的时候未满18周岁。二是刑罚条件，即被判处5年有期徒刑以下刑罚，或者免予刑事处罚，或者公诉机关决定免予起诉。需要特别指出的是，公安部《程序规定》仅规定："应当依据人民法院已经生效的判决书，将该未成年人的犯罪记录予以封存。"为了与最高检《诉讼规则》相衔接，应修改为："应当依据人民法院已经生效的判决书或人民检察院的不起诉决定书，将该未成年人的犯罪记录予以封存。"三是时间条件，原则上是新刑事诉讼法实施之后，即2013年1月1日之后，但之前符合封存条件、有封存必要的，经未成年犯罪人及其近亲属申请，也应当予以封存。

---

① 马克昌：《刑罚通论》，武汉大学出版社1999年版，第715页。
② 参见李忠正：《未成年人犯罪记录封存法理追问与程序架构》，载江苏法院网，http://www.jsfy.gov.cn/llyj/xslw/2013/04/27173628473.html，2013年8月10日访问。

三、关于未成年人犯罪记录封存的启动方式和主体

新刑事诉讼法以及公、检、法三家的规定和解释均规定对于符合未成年人犯罪记录封存条件的，对相关记录"应当"封存，可见，立法规定的是相关机关依职权封存，并未规定依申请封存。笔者认为，应当增加规定未成年犯罪人及其近亲属申请这一启动方式，原因在于：一方面，相关机关可能存在工作疏漏，对于应当封存的未予封存；另一方面，公安机关、公诉机关均是在收到法院判决之后再行封存，不利于提前及时保护未成年人的合法权益。所以，未成年人犯罪记录封存的启动方式应当是以职权为主、以申请为辅。未成年人犯罪记录封存申请可以由未成年人本人提出，也可以由其近亲属提出，在未成年人被采取刑事强制措施之后即可提出，一般应以书面方式，公安机关、公诉机关经初步审查，认为有可能需要封存的，可以对其犯罪记录暂时封存，如果判决之后符合封存条件的，正式予以封存，反之，则解除暂时封存。

关于封存的决定主体，公、检、法三家的规定和解释均规定自己可以决定封存，实际上，从封存的条件来看，决定封存的主体应当是人民法院和人民检察院，即对于判处 5 年有期徒刑以下刑罚或免予刑事处罚的，由人民法院决定封存；对免予提起公诉的，由人民检察院进行封存。但考虑到在侦查阶段未成年人及其近亲属可能提起封存申请，也可以将公安机关列为决定封存主体。在具体操作中，人民法院在作出刑事判决时，应一并作出封存决定书，将封存决定书送公安机关、公诉机关以及刑罚执行机关。人民检察院在作出不起诉决定时，应一并作出封存决定书，将封存决定书送公安机关。公安机关在受理未成年人及其近亲属封存申请并审查通过之后，应当作出暂予封存决定书，随卷移送公诉机关，公诉机关决定提起公诉的，随卷移送人民法院。关于具体负责审查封存申请、作出封存决定的机关内部部门，笔者认为以承办该案的侦查部门、公诉部门、审判部门为宜，因为他们更了解案件真实情况，更易作出准确的决定。

至于知晓未成年犯罪记录的有关单位，如所在学校、所在单位、居住地基层组织、未成年人保护组织、法律援助机构、社区矫正机构等，也应封存

未成年人的犯罪记录,① 但是笔者认为,这些单位没有封存的决定权,而是只有封存的义务,不应当成为封存的决定主体。公、检、法在作出封存决定书或暂予封存决定书时,可一并将决定书送上述单位。此外,在刑事诉讼过程中知晓未成年犯罪记录的案件当事人、辩护人、诉讼代理人等,也具有保密的义务。②

四、关于未成年人犯罪记录封存的法律后果

申请、审查和决定等程序对未成年人犯罪记录封存制度而言非常重要,而更为重要的是封存后的法律后果,主要包括:

(一)封存的效力

新刑事诉讼法及公、检、法相关规定和解释均规定了封存的效力,即"除司法机关为办案需要或者有关单位根据国家规定进行查询外,公安机关不得向其他任何单位和个人提供"。但公安部《程序规定》、最高法《解释》并未规定具体程序,最高检《诉讼规则》第五百零五条则作了较为详细的规定,除了规定"不得向任何单位和个人提供封存的犯罪记录"外,还强调"不得提供未成年人有犯罪记录的证明"。同时,规定司法机关或者有关单位需要查询犯罪记录的,应当"提出书面申请",并应"在七日以内作出是否许可的决定"。应当说,最高检的规定更详细、更具有可操作性,公安机关、人民法院应当借鉴。另外,"国家规定"的概念非常笼统,全国人民代表大会及其常务委员会制定的法律法规、国务院制定的行政法规等都属于"国家规定",而这些"国家规定"中许多是与未成年人犯罪记录封存制度相抵触的,如预防未成年人犯罪法、未成年人保护法、公务员法、法官法、检察官法、律师法、执业医师法、教师法等,对这些法律应进行修订,删除未成年犯罪人在复习、升学、就业、从军等的歧视条件的内容,以与新刑事诉讼法第二百七十五条规定相统一。③

---

① 曾新华:《未成年人犯罪记录封存制度的理解与适用》,载《检察日报》2012年5月22日。
② 李萍:《未成年人轻罪犯罪记录封存制度探讨》,载《检察日报》2012年10月24日。
③ 齐海生:《未成年人前科封存制度实践困境的思考》,载江苏法院网"理论研究"栏目,http://www.jsfy.gov.cn/llyj/xslw/2012/12/25160817651.html,2013年8月10日访问。

（二）封存的解除

公安部《程序规定》、最高检《诉讼规则》均规定了封存解除制度，即"被封存犯罪记录的未成年人，如果发现漏罪，合并被判处五年有期徒刑以上刑罚的，应当对其犯罪记录解除封存"。新刑事诉讼法、最高法《解释》对此均未规定。笔者认为，应当规定封存解除制度，因为发现漏罪而被追加刑罚的情况是可能出现的，而如果一旦出现，未成年犯罪人也就不再符合封存的条件了，应当解除封存，以彰显罪责刑相适应原则。具体操作中，封存决定机关应制定解除封存决定书，并送相关机关和单位。另外，有人主张实施封存之后，如果未成年人再犯新罪应当解除封存，对此笔者不敢苟同，因为犯罪记录封存不是一项刑罚制度，与未成年人的主观恶性、人身危险性没有必然联系，再犯新罪说明其主观恶性大、人身危险性大，但对犯罪记录封存而言没有实际意义。另外，新刑事诉讼法规定司法机关可以查询未成年人被封存的犯罪记录，实际上也是对再犯新罪不予解除封存的一种认可。

（三）封存的救济

犯罪记录被封存是符合封存条件未成年犯罪人的一项权利，有权利就应有救济。但新刑事诉讼法及公、检、法相关规定和解释均未规定相应的救济措施。笔者认为，为保障封存制度有效贯彻实施，应当规定封存救济制度。具体制度设计为：如果封存决定机关和有封存义务的其他单位，违反刑事诉讼法之规定，泄露未成年人被封存的犯罪信息，给未成年人造成损害的，未成年犯罪人及其近亲属可以以相关机关和单位为被告提起侵权之诉，要求相关机关和单位消除影响并给予经济补偿。被告只能是有封存义务的机关或单位，其他人泄露未成年人犯罪信息的不在此列。相关机关和单位必须违反了刑事诉讼法之规定，并给未成年人造成了实质损害。原告应对上述问题承担举证责任。

（四）犯罪记录的保管

新刑事诉讼法、公安部《程序规定》、最高法《解释》均未提及未成年人犯罪记录的保管问题，最高检《诉讼规则》第五百零四条作了较为明确的规定:"人民检察院应当将拟封存的未成年人犯罪记录、卷宗等相关材料装订成册,加密保存,不予公开,并建立专门的未成年人犯罪档案库,执行严格的保管制度。"公安机关、人民法院也应建立专门的涉罪未成年人档案库,执行严格的保密制度,由专人管理,除司法机关调查案件或基于其他法定事由外,不得查阅。有封存义务的其他单位也应分离妥善保管未成年人档案。

结　语

未成年人犯罪记录封存制度在试点探索阶段本来就是一项系统工程,许多试点法院都与公安机关、检察机关、司法行政部门、刑罚执行机关、教育机关、社区组织等建立了联席会议制度,共同处理未成年犯罪人的犯罪记录封存问题。有了法律明文规定之后,各相关机关单位之间反而出现了不一致甚至冲突,不能不说是一种缺憾。各机关单位尤其是公、检、法三机关应加强沟通协调,统一行为规范,必要时共同出台实施细则,以确保未成年人犯罪记录封存制度得到彻底有效的贯彻,真正维护未成年人的合法权益。

【改革与探索】

未成年人犯罪情况分析及对策建议

河南省高级人民法院课题组*

编者按：河南省高级人民法院 2012 年对全省法院 2007 年至 2011 年受理的未成年人犯罪案件进行调研，梳理了全省未成年人犯罪的现状和特点，总结了法院少年法庭在预防未成年人犯罪方面所作的探索和取得的成效，提出了加强和改进预防未成年人犯罪工作的建议。其中，试点少年法院、设立少年法庭等专业机构具有现实意义。

前言

未成年人犯罪是除环境污染、毒品犯罪之外的第三大社会问题，中央及各地高度重视预防未成年人犯罪工作。2005 年 6 月，胡锦涛总书记批示："要从国家和民族未来的高度，重视未成年人犯罪问题。要明确责任，大力协同，综合防治。通过教育和法制相结合，使未成年人犯罪问题得到明显好转。"2012 年 3 月，十一届全国人大五次会议对刑事诉讼法进行修订，增设了未成年人刑事案件特别程序专节，彰显了最高权力机关对未成年人犯罪问题的关注。

河南省各级人民法院，在河南省委的正确领导下，在各有关部门的大力支持和配合下，依法履行审判职责，积极参与社会管理综合治理工作，在预防未成年人违法犯罪方面做了大量卓有成效的工作，实现了全省未成年人犯

---

* 课题组组长：田立文；成员：李剑非、韩轩、常晖。

罪连续5年下降的良好态势。成绩来之不易,经验值得总结。

一、五年来河南省未成年人犯罪的基本情况

我们对2007年至2011年河南省法院判处的未成年人犯进行了比较研究,对未成年人犯主要犯罪类型、身份、学历情况、犯罪原因,以及未成年人犯罪与经济发展的关系进行了分析,从而发现这五年未成年人犯罪的基本规律,为今后进一步做好预防未成年人违法犯罪工作提出对策。

(一)未成年人犯罪的总体态势

五年间,河南各级法院共判处未成年人犯26862人,占同期判处罪犯总数的8.23%。(详见表一)

表一 未成年人犯与罪犯总数的关系

年 份	未成年人犯	罪犯总数	比 例
2007年	5906	57501	10.27%
2008年	7824	77401	10.11%
2009年	5262	67450	7.80%
2010年	4355	63561	6.85%
2011年	3515	60512	5.80%

从表1可以看出,五年来,河南省未成年人犯罪在宏观方面有以下特点:

1. 未成年人犯罪态势与犯罪整体态势一致。2007年至2008年,罪犯总人数大幅增加,增幅为34.62%。未成年人犯增加1918人,增幅达32.48%。2008年至今,罪犯总数逐年下降,未成年人犯也相应下降。

2. 未成年人犯总数连续四年下降。2007年,全省法院判处未成年人犯5906人。2008年,司法机关开展打击"两抢一盗"专项斗争,未成年人犯数大幅攀升。此后三年,未成年人犯数逐年下降,年递减额达800人以上。2011年,全省法院判处未成年人犯3515人,较四年前减少了2391人,降

幅达 40.48%。

3. 未成年人犯罪比率连续五年下降。2007 年，判处未成年人犯占判处罪犯总数的比例为 10.27%。2008 年，这一比例略有下降。此后四年，下降幅度较大，均在一个百分点以上。特别是 2009 年，较前一年下降 2.31 个百分点。五年间，未成年人犯占判处罪犯总数的比例下降了 4.47 个百分点。

（二）未成年人犯罪的主要类型

河南省未成年人涉案的主要罪名（详见表二）。

表二 未成年人涉案的主要罪名

年 份 \ 类 型		抢劫	盗窃	故意伤害	强奸	寻衅滋事
2007 年	人数	2246	1811	601	410	253
	比例	38.03%	30.66%	10.18%	6.94%	4.28%
2008 年	人数	3106	2608	626	354	379
	比例	39.70%	33.33%	8.00%	4.52%	4.84%
2009 年	人数	1919	1520	535	314	374
	比例	36.47%	28.89%	10.17%	5.97%	7.11%
2010 年	人数	1588	1106	491	227	380
	比例	36.46%	25.40%	11.27%	5.21%	8.73%
2011 年	人数	1100	799	522	228	328
	比例	31.29%	22.73%	14.85%	6.49%	9.33%

分析表二，河南省未成年人犯罪在具体类型上呈现以下特点：

1. 主要涉案罪名相对固定。居于前列的都是故意伤害罪、强奸罪、抢劫罪、盗窃罪和寻衅滋事罪。

2. 半数以上未成年人犯实施的是财产型犯罪。2008 年，法院判处抢劫、盗窃犯罪的未成年人 5714 人，占未成年人犯总数的 73.03%。2011 年，这一比重达 54.02%。可见，未成年人实施犯罪行为的主要目的在于获取经济利益。

3. 性犯罪占有相当比重。未成年人实施强奸犯罪的比重始终在5%左右，低的年份（2008年）为4.52%，高的年份（2007年）为6.94%。这些案件，往往被害人也是未成年人，受到的伤害极为严重。如新乡中院审理的李某等5人强奸案，被害人遭轮奸后悲痛欲绝，曾经服毒。

4. 暴力性犯罪特征较为明显。统计表所列举的5种犯罪类型中，除了盗窃罪以外，其他4种犯罪均是以暴力作为作案手段或者涉及暴力因素。此外，因聚众斗殴、故意杀人和敲诈勒索犯罪受到刑事追究的未成年人也不在少数。可见，暴力性已成为未成年人犯罪的重要特征。如李某绑架案，杀死被害人后又焚尸。

在实践中，我们发现，未成年人犯罪事先精心预谋的越来越多，犯罪手段越来越成人化。如王某等强奸、组织卖淫、协助组织卖淫案，应引起关注。

（三）未成年人共同犯罪情况

五年来，全省法院共审理未成年人共同犯罪（含集团犯罪）案件1679件4316人，占未成年人犯总数的16.07%。（具体情况见表三）

表三　未成年人共同犯罪（含集团犯罪）情况

年份	共同犯罪案件数	涉案人数	比重
2007年	377	977	16.54%
2008年	575	1483	18.95%
2009年	324	835	15.87%
2010年	258	651	14.95%
2011年	145	370	10.53%

可见，共同犯罪和集团犯罪在未成年人犯罪案件中占有一定的比重。究其缘由：一是未成年人崇尚哥们儿义气，喜欢结交朋友，易于拉帮结派、组成小团伙；二是未成年人在作案时存有孤独感和恐惧心理，往往依仗人多势

众相互壮胆;三是未成年人个体犯罪能力不强,需要通过结伙的方式提高作案成功率;四是结伙在一起的未成年人容易相互影响和感染。我们也注意到,自2008年以来,未成年人共同犯罪和集团犯罪案件数量呈逐年下降的趋势,如2009年较2008年减少了251案648人,降幅分别达到了43.65%和43.70%;2011年较2010年减少了113案281人,降幅分别为43.80%和43.16%。这表明,少数未成年人因过早、过密接触社会不良现象,其犯罪意识越来越强。如沈某盗窃、抢夺、诈骗案。

(四) 未成年人犯的身份情况

未成年人犯中,农民、无业人员和学生占大多数,还有少量的工人、无业者以及其他职业者。(具体情况见表四)

表四 未成年人犯的身份情况

年份	工人	农民	学生(在校)	学生(辍学)	个体劳动者	无业	其他
2007年	46	2678	709	291	8	1614	560
2008年	117	3744	1038	322	9	2028	566
2009年	25	2504	619	226	21	1341	526
2010年	38	2058	559	134	9	1146	411
2011年	47	1523	478	186	5	961	315

未成年人犯罪在身份、职业分布上呈现出如下特点:

1. 近半数未成年人犯的职业为农民。河南是传统的农业大省,农村人口近8000万。受经济发展滞后、文化程度偏低、接受外界信息较少、法律意识淡薄等因素的影响,在刑事被告人中,农民所占的比例相对较高。未成年人犯罪的情况也是如此。2007年至2011年,全省法院判处的未成年人犯中,职业为农民的比例分别为45.34%、47.85%、47.59%、47.26%和43.33%。

2. 闲散未成年人犯罪占较大比重。闲散未成年人通常是指不在学、无职业、未满 18 周岁的青少年群体。五年间，共有 8249 名闲散未成年人因实施犯罪行为受到审判，占未成年人犯总数的 30.71%。

3. 在校学生的犯罪现象。五年间，共有 3403 名在校学生因实施犯罪行为受到审判，占未成年人犯总数的 12.67%。因此，各地法院应当坚持开展送法进校园活动，加强对中小学生的法制宣传教育。

（五）未成年人犯的学历情况

学历即受教育情况，与犯罪有一定的关系。未成年人犯的学历及在人犯中的比例（见表五）。

表五　未成年人犯的学历及比例统计表

年份	文化程度	文盲	小学	初中	高中	大专以上
2007 年	人数	65	1051	4372	376	42
	比例	1.10%	17.79%	74.01%	6.37%	0.71%
2008 年	人数	135	1519	5604	518	48
	比例	1.73%	19.41%	71.63%	6.62%	0.61%
2009 年	人数	46	978	3835	375	28
	比例	0.87%	18.59%	72.88%	7.13%	0.53%
2010 年	人数	44	849	3166	277	19
	比例	1.01%	19.49%	72.70%	6.36%	0.44%
2011 年	人数	20	526	2685	273	11
	比例	0.57%	14.96%	76.39%	7.77%	0.31%

我们发现，未成年人犯中，拥有初中文化程度的占绝大多数，其次是拥有小学和高中文化程度的人员，文盲和大专以上文化程度的较少。其中，拥有初中文化程度和小学文化程度的人犯在 91%～92% 之间。这反映出大量

未成年人犯只接受过九年义务教育,相当一部分甚至没有完整接受完义务教育即进入社会。这部分人过早进入社会后,缺乏谋生技能,在经济窘迫时极易走上犯罪道路。

(六)未成年人犯罪与经济状况的关系

课题组选取省内经济发展状况不同的郑州、洛阳、平顶山、驻马店、周口等 5 市作为标本,对未成年人犯罪与经济状况之间的关系进行了研究。具体情况详见表六:

表六 5 市未成年人犯数量

年份 地区	2007 年	2008 年	2009 年	2010 年	2011 年
郑州	1269	1736	1121	830	414
洛阳	845	719	621	486	408
平顶山	304	387	231	297	231
驻马店	267	374	301	270	230
周口	68	128	93	60	110

根据河南省统计局 2011 年发布的统计数据,上述 5 市经济总量由高到低的排序为郑州、洛阳、平顶山、周口、驻马店,① 未成年人犯的数量由多到少排序为郑州、洛阳、平顶山、驻马店、周口,二者基本一致。进一步调查发现,经济较为发达的城市,外来未成年人犯罪数量远远超过本地未成年人犯罪数量,郑州市外来未成年人犯罪占未成年人犯罪总数的比例连续三年超过 70%。可见,经济发展状况、外来人员、社会管理、未成年人犯罪之间,是相互联系的。

---

① 根据河南省统计局发布的数据,2011 年,郑州市生产总值 4040.89 亿元,洛阳市生产总值 2320.25 亿元,平顶山市生产总值 1310.84 亿元,周口市生产总值 1228.30 亿元,驻马店市生产总值 1053.71 亿元。

(七) 未成年人犯的年龄、性别及重新犯罪情况分析

未成年人犯的年龄、性别以及是否有前科劣迹、是否属于累犯等情况（见表七）。

表七 未成年人犯的年龄、性别及前科劣迹情况

事项\年份	2007年	2008年	2009年	2010年	2011年
满14周岁不满16周岁	765	1074	656	533	447
满16周岁不满18周岁	5141	6750	4606	3822	3068
女性	113	186	132	149	107
有前科劣迹	71	104	145	87	57
累犯	31	45	52	28	10

数据表明：

1. 满16周岁的未成年人犯远远超过不满16周岁的未成年人犯。满16周岁不满18周岁的未成年人犯23387人，占全部未成年人犯的87.06%。

2. 累犯和重新犯罪率较低。五年间，共有464名曾经犯罪的未成年人再次实施犯罪，占未成年人犯总数的1.73%，全国2010年未成年人重新犯罪率为2.61%。① 166名未成年人构成累犯，占未成年人犯总数的0.62%。

3. 女性犯罪比重较小，但有所抬头。五年间，共有687名女性未成年人犯，占未成年人犯总数的2.56%。近两年来，这一比重有所上升，2007年，未成年人犯中女性所占比重为1.91%，2008年至2010年逐年上升为3.42%，2011年，这一比重略有下降，但仍为3.04%。

---

① 佟季、马剑：《2010年人民法院审理未成年人犯罪基本情况和特点》，载《中国少年司法》2010年第4辑，人民法院出版社2011年版，第191页。

(八)未成年人犯罪的主要原因

未成年人走上犯罪道路不是偶然的,而是多种因素共同作用的结果。这中间既有自身的客观原因,也有社会外部的客观原因;既有普遍性的原因,也有个案的特殊目的和动机。我们着重分析导致未成年人实施犯罪行为的普遍性原因,并据此探寻预防未成年人犯罪的有效对策。

一是未成年人自身的客观原因。如未成年人身体发育健全,心智尚不成熟,他们对社会的认知能力、是非判断能力以及自我掌控能力比较低,往往有程度不同的逆反心理、求胜心理、好奇心理和自我中心意识,一旦遇上不良因素的影响,很容易走向歧途。再如未成年人文化程度低,法治观念淡薄。在法院历年来判处的未成年人犯中,拥有初中以下文化程度的占91%左右。

二是家庭教育失当。家庭是社会的细胞,父母是孩子的第一任老师。家庭教育对未成年人的成长起着至关重要的影响,而且无法替代。通过对郑州、安阳、商丘、洛阳、南阳等5市近年来办理的300件未成年人犯罪案件进行抽样调查,我们发现,结构不完整的家庭、关系不和谐的家庭、教养方法不当的家庭、父母有不良行为的家庭等4种形态的家庭对未成年人监管不力,可能发生未成年人犯罪。

当前,留守儿童犯罪比较常见。在广大农村地区,父母外出打工,将未成年子女交由祖父母、外祖父母等亲属代为照顾的现象较为普遍,致使子女长期得不到父母的关爱、教育和管束,更易滑向犯罪的深渊。在商丘、南阳两市随机抽取的120件未成年人犯罪案件中,留守儿童作案的47件,所占比例高达39.2%。

三是学校教育方面的原因。学校是未成年人除家庭以外最重要的生活、学习环境。少数学校在学生教育方面存在一些问题,成为影响未成年人健康成长不可忽视的因素。如办学理念存在偏差,重考分、轻德育,重教书、轻育人,片面追求升学率,不注重对学生法治观念和人生观、道德观、价值观的培养;如学校周边环境恶劣。少数地处城乡结合部和县城、乡镇的中小学校周边环境较差,网吧、电子游戏厅、录像放映厅等不适合未成年人进入的娱乐场所依然随处可见,使不少学生在耳濡目染中接受了一些不利于他们成长的东西，易引发犯罪。

四是社会环境方面的原因。社会不良因素是滋生违法犯罪的温床。当前，影响未成年人健康成长并导致其违法犯罪的社会环境因素主要有：消极观念和丑恶现象的侵蚀，拜金主义、享乐主义等观念沉渣泛起，贪污腐败、见利忘义、唯利是图、坑蒙拐骗、生活腐化等现象对未成年人有较深的影响；暴力色情文化的蔓延，据统计，在实施强奸犯罪的未成年人犯中，有60%以上看过淫秽色情文化产品；互联网的消极影响。随机抽取平顶山市2011年294名未成年人犯中的100人进行调查，发现有73%的未成年人经常去网吧上网，有53%的未成年人承认自己走上犯罪道路因网络引起或与上网有关。

二、河南省法院预防未成年人犯罪工作的基本做法

1988年，河南省法院开展少年审判工作。二十多年来，河南高院历届党组从"未成年人是国家的未来、民族的希望"的高度重视少年法庭工作。全省法院少年审判法官树立保护理念，全方位保护未成年人的利益；秉承教育为主、惩罚为辅方针，坚持对失足未成年人开展教育、感化、挽救工作；强化参与理念，送法进校园、进社区，把少年法庭作为人民法院服务社会、参与社会管理综合治理工作大局的重要窗口和践行能动司法的重要平台，为减少和预防未成年人犯罪做了大量的工作。

（一）建立少年法庭专门机构，开展预防未成年人犯罪的特色工作

组织机构建设是少年审判工作的基础，是有效开展预防和减少未成年人违法犯罪工作的保障。少年法庭以办案为基本职责，通过专业化的特色工作措施，实现了教育、感化、挽救失足未成年人，预防和减少未成年人犯罪。省法院通过树立典型，召开座谈会、现场会，定期通报少年法庭工作进展，点名表扬或批评等方式，积极敦促全省中级法院和基层法院建立独立建制的少年法庭。截至目前，全省已有14个中级法院、91个基层法院建立了独立建制的少年法庭，其中未成年人案件综合审判庭35个，其他法院也都有少年合议庭或者指定专人负责少年审判工作。河南省少年法庭机构建设稳居全

国前列。

(二) 改革少年审判庭审方式，挽救失足未成年人

各级法院通过改革少年审判方式，把庭审变成教育、感化、挽救失足未成年人的课堂，把法庭变成法制教育的课堂，最大限度地减少庭审对未成年人的心理压力，便于他们以后顺利回归社会，也避免未成年人犯重新犯罪。

一是全面建立社会调查制度。① 未成年人犯罪原因特别，犯罪动机异于成年人，主观恶性小，反社会意识弱，通过社会调查工作，能够查清未成年人犯罪的原因和动机，以及平时表现情况，以实现量刑的个别化，有利于教育、感化和挽救失足未成年人。全省已有 17 个中院和 160 个基层法院建立了少年审判社会调查报告制度，仅 2010 年 10 月至 2011 年 6 月，各地少年法庭就开展社会调查办案 1772 件次，占所办理的未成年人犯罪案件总数的 80.62%。

二是对未成年被告人试行分流处理。为了避免与成年被告人混合关押对未成年人的不良影响，2010 年，省法院联合省检察院、省公安厅下发了《关于办理未成年人刑事案件规范强制措施适用的暂行办法》《关于办理未成年人与成年人共同犯罪案件实施分案起诉、分案审理的暂行办法》，明确要求各司法机关要将未成年被告人、嫌疑人与成年被告人分场所羁押、分别起诉、分案审理，保证办理未成年人案件有关特殊程序的贯彻落实。

三是广泛吸收有爱心的人民陪审员参加庭审。结合少年审判工作特点，少年法庭聘请心理医生、心理咨询师等专业人士，聘请关工委、共青团、妇联、工会等机构的工作人员以及中小学教师中有爱心、社会责任心的人担任人民陪审员，参与未成年人案件的审理，对未成年被告人进行心理疏导和情理教育，缓解他们的心理压力。郑州市二七区、汝南、遂平等地法院邀请人民陪审员参与未成年人犯罪案件的审理比率达 100%，上诉、抗诉率连续多年低于 5%，无一起案件发生信访事件，取得了良好的法律效果和社会效果。

---

① 社会调查是指在审理未成年人犯罪案件过程中，由专门机关对未成年人的性格特点、家庭情况、社会交往、成长经历以及实施被指控犯罪前后的表现等情况进行专门调查，并对其人身危险性进行评估，制作社会调查报告，作为对未成年人裁判的重要参考因素。

四是大力推广圆桌审判方式。为了缓和法庭审理的紧张气氛，少年法庭打破审判庭的冷色基调，悬挂起励志的格言警句，将传统的法台改成圆桌式，让法官与律师、公诉人、法定代理人和未成年被告人围坐一圈，采取召开"家庭会议"的方式近距离、谈心式地审理案件，用温情和爱心擦亮失足未成年人蒙尘的心灵。全省有65%以上的法院建立了圆桌审判庭，采用"家庭会议"方式审理了大批未成年人犯罪案件，教育感化效果显著增强。

五是庭审教育唤回浪子。少年审判中，法院在庭审中特设了庭审教育阶段。通过把"爱心、耐心、诚心"的庭审教育贯彻始终，教育未成年被告人认识到犯罪给社会、给自己的亲属、给被害人所造成的伤害，对自己的人生、前途产生的影响，鼓励未成年被告人重新做人回归社会，同时教育他们树立法治意识，避免重新违法犯罪，把庭审成为法制课堂，成为教育、感化、挽救未成年人的阵地。

（三）科学量刑，收到教育和惩罚相统一的效果

量刑是对犯罪人作出刑罚的工作。科学量刑，不仅可以惩罚犯罪，保护社会秩序，还能起到预防犯罪，避免人犯重新犯罪的作用。各级法院贯彻宽严相济刑事政策，针对河南省法院实际，针对未成年人犯罪的原因和特点，努力实现量刑科学化，收到教育和惩罚相统一的效果。

一是试行量刑规范化。为了进一步规范法官自由裁量权，统一全省量刑标准，逐步实现对未成年被告人量刑的规范化、科学化，2010年，省法院制定下发了《河南省高级人民法院未成年人犯罪量刑规范化指导意见（试行）》，规定了对未成年被告人量刑的基本方法，明确了从轻、减轻或者从重、加重处罚的幅度，对未成年被告人量刑需要审查的24种情节及不同情节对量刑的影响。最高法院领导高度肯定这项制度，认为在一省区域范围内，统一对未成年被告人的量刑标准非常必要，是一个创举。据统计，开展量刑规范化试点工作以来，全省法院对未成年被告人判处刑罚进一步趋于轻缓，2011年比2010年，非监禁刑适用比率上升了11.2%，重新犯罪比率下降了19%。

二是对未成年被告人尽可能多地适用轻缓量刑。司法实践证明，若仅因一次情节较轻的犯罪而对未成年人科处刑罚，甚至科以重刑，将他们投入监

狱，他们不仅丧失了学习、就业的机会，而且容易受到犯罪恶习的传染，学会一些犯罪伎俩，并形成与社会对立的不良心态，不利于改造。而对那些心智尚未成熟、恶习不深、社会危害性不大、偶尔触法犯罪、真诚愿意悔过的未成年被告人在从轻、减轻处罚的同时多适用非监禁刑，给他们改过自新的机会，让他们在社会大环境中接受监管改造。为此，少年法庭对未成年被告人尽可能多地适用轻缓刑，未成年被告人被处非监禁刑的比例逐年上升。2007 年达 39.48%，2008 年达 37.78%，2009 年达 38.69%，2010 年达 42.82%，2011 年达 47.60%。据最高法院统计，2010 年全国法院对未成年被告人适用非监禁刑的比例为 35.36%。①

三是严惩主观恶性深反社会意识强的未成年被告人。审判实践中，确有少数未成年人个体上有智力衰弱、身体残疾、性机能早熟、体格过分发育等因素，客观上过早、过密接触社会不良现象，其反社会意识强，出现犯罪手段成人化、暴力化现象。对他们，不能单纯强调从轻或减轻处罚，要因案因人实行宽严相济刑事政策，该重罚的坚决重罚，不仅是对社会秩序的保护，也是对未成年人犯的教育和特殊保护。

（四）落实判后帮教，助力回归社会

办理未成年人犯罪案件，绝不能一判了之、结案了事，需要做大量的判后工作，帮助失足未成年人更快、更好地回归、融入社会。

一是注重温情感化，鼓励改造向善。为了帮助经济困难的失足未成年人渡过判后或解除监禁后的危险期，郑州市管城区法院自 2007 年设立"未成年人刑事案件当事人救助基金"，资助失足未成年人过百人；兰考县法院、洛阳市涧西区法院推行"社会服务令"制度，定期组织被判处非监禁刑的未成年犯到社会福利机构从事社区服务，帮助他们树立社会责任感。

二是帮助回归校园，重拾学习机会。针对不少未成年被告人是在校学生的现象，各地法院少年法庭在依法判处非监禁刑的同时，都要登门走访辖区学校领导，帮助未成年人犯联系返校复读事宜。截至 2011 年年底，已有 470 余名失足青少年在少年审判法官的帮助下重返校园，其中，58 人考上了

---

① 佟季、马剑：《2010 年人民法院审理未成年人犯罪基本情况和特点》，载《中国少年司法》2010 年第 4 辑，人民法院出版社 2011 年版，第 194 页。

大学。

三是回访帮教未成年人犯。巩固庭审帮教效果绝不能一判了之。对被处监禁刑的未成年人犯适时回访，有利于他们克服厌世心理，巩固帮教效果，重新做人，少年法庭在六一、中秋等节日前后到少管所回访未成年人犯，送去学习用品，了解改造情况，帮助树立信心。

四是试行前科封存，扫清回归障碍。2010年年底，省法院在平顶山、新乡法院开展了未成年人初犯、偶犯前科封存试点工作，累计受理申请43例，经考察、审核批准封存38例。被封存犯罪记录的未成年人中，已有10人考上大学，6人返回高中就读，22人顺利就业。

在少年法庭法官的辛勤付出和艰苦努力下，一批失足未成年人悔过自新、走向新生，无数家庭重燃希望、重归和谐。

（五）加强法制宣传，参与社会管理

预防和减少未成年人违法犯罪，根本上是要帮助未成年人树立法治意识，教育他们知法、懂法、遵法、守法。各地法院少年法庭坚持能动司法，扎实开展司法延伸服务，送法进校园、进社区，积极参与社会管理综合治理。

一是建立宣传教育常态机制。各地法院少年法庭将法制宣传教育常态化，以青少年学生和群众喜闻乐见的模拟法庭、法制大课堂、违法犯罪图片展、法制宣传手册等形式，广泛开展普法宣传和法制教育。五年来，全省法院少年审判法官累计到大专院校、中小学校举办法治教育讲座1400余场次，举办法制宣传图片展90余场次，开模拟法庭220余场次，受教育人数超过45万人。

二是定期开展专项集中活动。2010年5月，省法院集中开展了为期3个月的"保护儿童妇女人身安全及其他合法权益"专项活动。活动期间，省法院与郑州市两级法院少年法庭的法官到郑州市光大广场，向广大市民及未成年学生介绍预防未成年人犯罪法以及安全保护常识，并接受群众的法律咨询。2011年省法院开放日期间，省法院组织基层法院到郑州师范学院开观摩庭，将真实的未成年人犯罪案例搬上讲台，并现场接受学生的法律咨询，取得了良好的效果。

三是建立"一校一法官"制度。2011年年底,省法院与共青团河南省委联合建立了"一校一法官"制度,将送法进校园制度化,要求各地法院组织法官与辖区大专院校、中小学校结成对子,通过多种形式送法进校园。截至目前,各地法院已经安排1200余名法官进校园,开展法制宣传,提供法律服务。

三、加强和改进预防未成年人犯罪工作的几点思考

预防未成年人犯罪是一项系统工程。从人民法院的少年法庭工作实践,我们认为,加强和改进预防未成年人违法犯罪工作,当前应着重做好6个方面的工作。

(一)以加快中原经济区建设为契机,不断改善人民生活条件

经济发展不均衡,城乡生活迥异,收入差距拉大,是包括未成年人犯罪在内的一切犯罪的经济根源。贪利性是未成年人犯罪的重要原因,加之犯罪主体之一的城市流动未成年人和农村留守未成年人本是社会发展过程中的产物,是经济不发达的结果。所以,预防和减少未成年人违法犯罪的根本之处是加快经济发展,缩小贫富差距,改善人民生活。

(二)以转变教育观念为先导,不断强化家庭、学校的监护、教育职能

家庭是人生的第一学校,父母是孩子的第一任老师。建议党委、人大要鼓励、支持公、检、法、司等政法部门,共青团、妇联等群团组织以及新闻媒体、社区组织等民间力量开通"家长信箱",开设"家长课堂""家长专栏"等,为家长提供学习、交流的场所、平台,引导他们注重培养孩子的法律意识和社会责任感;帮助家长正确处理"爱与教"的关系,培养孩子善于自我控制的优良品德。

学校在预防未成年人违法犯罪方面的地位不可替代。建议各级教育行政主管部门检查学校法制课、思想品德课开设情况,并将法律知识、思想品德课的考试成绩列入学生考试考核的科目;检查"法制副校长""一校一法官"等制度的落实情况,并予以通报;追查失学、辍学学生的学校责任,

追查学生上课期间上网吧的学校责任，让学校担负起九年义务教育的职责，承担起对在校生的教育和管理职责。

（三）以落实各部门预防职责为基础，不断增强社会总体防控能力

法律规定了政法机关、行政管理部门以及其他群团组织在预防未成年人违法犯罪方面所承担的职责。省预防未成年人违法犯罪领导小组及其办公室要督促、检查、通报各有关部门的履职尽责情况，制定预防工作评估标准和考核制度，将各成员单位的预防犯罪工作纳入社会管理综合治理的整体考核指标体系，做到预防工作与综合治理工作同部署、同实施、同考核，推动建立"党委统一指挥，预防办牵头协调，相关部门积极参与"的预防未成年人违法犯罪工作新格局。

（四）以加强专门机构建设为抓手，不断提升预防工作水平

专业化的组织机构是工作顺利开展并取得实效的重要保障。河南省过半数的中院和基层法院陆续建立了独立建制的少年法庭，在依法保障未成年人合法权益、办理未成年人犯罪案件、参与预防未成年人违法犯罪方面的工作等进行了诸多有益的探索，取得了预防和减少未成年人违法犯罪的良好社会效果。但河南省专业化机构建设普遍比较滞后，对预防和减少未成年人违法犯罪极有意义的工作难以开展。我们建议：各级党委、人大、政府要高度重视预防未成年人犯罪专业性机构建设，重点支持公安机关建立专门羁押未成年犯罪嫌疑人、被告人的看守所；支持人民检察院建立独立建制的未成年人犯罪案件审查、批准逮捕和公诉机构；支持人民法院建立独立建制的少年法庭；支持司法行政机关建设社区矫正机构。

（五）加大地方立法力度，建立河南省预防未成年人违法犯罪的法律制度体系

预防和减少未成年人违法犯罪工作需要有法可依。我国已经制定了未成年人保护法、预防未成年人犯罪法，新修订的刑事诉讼法增设了"未成年人刑事案件诉讼程序"，这是我国未成年人法律制度体系建设取得的重大进展，在少年司法史上具有里程碑的意义。但离建成未成年人法律体系尚有一定的距离，这就为各地地方立法留下了一定的空间。河南省颁布实施了《河南省未成年人保护条例》，内容相对概括，可操作性不够强。我们建议：省人大常委会以刑事诉讼法修订为新起点，修订《河南省未成年人保护条例》，增加有关未成年人隐私保护、未成年人网络保护、未成年人监护、未成年人福利等相关内容，完善、细化各相关主体预防未成年人违法犯罪的义务，增加可操作性的内容，增加不履行义务需承担的法律责任。省人大及其常委会应增加每年检查《河南省未成年人保护条例》贯彻落实情况的工作议程。

（六）以成立少年法院为切入点，推动少年司法制度的建立和完善

成立少年法院，一方面将涉及未成年人的刑事案件、民事案件、行政案件以及减刑假释案件等集中统一归少年法院办理，统一对未成年人的量刑标准和司法保护，拓展保护范围，加大保护力度，更全面、有效地保障未成年人合法权益。另一方面，以成立少年法院为切入点，以此带动公安、检察、司法行政机关相应建立少年警察机构、少年起诉机构和少年律师机构，促进少年司法各项工作深入发展，专业性地开展少年帮教、社区矫正等工作，深入推进少年司法体制、机制创新，更好地开展预防和减少未成年人犯罪工作，推动建立中国特色少年司法制度。另外，可以进一步加强对少年司法理论体系基本范畴、基本框架的研究，不断深化对少年司法理论体系构成的认识，深层挖掘少年司法工作潜在的价值内涵，为制定我国的少年法积累宝贵的经验。

我国基层法院亲职教育的实践探索及立法建议
——以北京市海淀区法院为例

张学超[*] 张 莹[**]

摘要：亲职教育有助于更新未成年人父母的教育理念及知识结构，提高其教育子女的科学性及有效性。英美等发达国家在亲职教育方面也形成了较为完备的体系并取得了良好的实践效果。与之相比，我国亲职教育发展尚处于起步阶段，仍有待进一步规范化、普及化及专职化。北京市海淀区人民法院在长期的审判工作中，认识到强化亲职教育是预防未成年人犯罪的重要方式之一，对亲职教育进行了积极探索并积累了有益经验。该院认为，应加强亲职教育的立法工作，进一步明确亲职教育中的父母职责、执行主体及惩处措施是当务之急。

关键词：海淀法院 亲职教育 立法建议

家庭能满足人的多方面要求，是人社会化过程中最早和最直接接触的社会环境，对人的社会化过程具有重要的作用，作为家庭教育主体的父母在其中扮演的角色更是举足轻重。因此，以提高教育监护未成年人的能力为目标的亲职教育对青少年的社会化具有重要的意义。

---

[*] 中国人民公安大学犯罪学学院副教授。
[**] 北京市海淀区人民法院助理审判员。

一、亲职教育的含义及必要性

(一) 亲职教育的含义及发展状况

亲职教育①在 20 世纪 30 年代为西方国家所倡导,一般意指对家长进行的旨在使其成为一个合格称职的好家长的专门化教育。亲职教育在国外又被称为"双亲"教育(如德国)或"家长教育"(如俄罗斯)等。

本文所谈的亲职教育,是指以家庭监护责任及教育方法为主要培训内容,以提高教育监护未成年人的能力为目标,对未成年人的父母或者其他监护人实施的教育和影响。其教育内容主要涉及:帮助家长树立教育子女的信心;为家长提供关于孩子教养与发展方面的资讯;指导家长在思想观念、理论知识、方法能力以及教育技巧等方面学习、理解并接受现代家庭教育等。

西方国家较早地开展了亲职教育活动,近年来,更是通过整合国家亲职教育领域的学术资源,制定了科学有效的亲职教育方案,再通过国家立法以及行政组织加以大面积推广。西方国家亲职教育的主体更具有多样性及专门性。如:英国,家庭与学校协会以及全国双亲教育联盟都是与中小学联系的家长组织,专门为母亲提供相关教育课程;美国的亲职教育得益于学校、政府、社会团体等的通力合作,并通过建立"家长行为量表"来进行家庭教育研究;在法国,以全国家庭教育学研究中心为核心,全国主办双亲学校;德国则设有"双亲学校",专门对家长进行系统的家庭教育培训;在巴西,要求青年男女在结婚前就要系统学习家庭教育知识;而我国台湾地区的家长教育被列入成人教育行列,重视在学校教育中系统规划家庭教育课程,安排青年学子修习"职前"的家庭教育科目。

我国传统的实施亲职教育的机构主要是家长学校。自 1983 年浙江象山县石浦镇创办了中国第一所家长学校后至今,全国其他一些城市相继创办了依托教育机构、共青团、妇联、机关等在内的家长学校或家长教育。

---

① 一般认为,亲职教育是从家庭教育演变而来的概念,二者教育使命一致,但施教主体及教育对象截然不同。家庭教育,是家长施与子女的教育,是父母教育子女为人处世的教育;亲职教育,则是为人父母者为成功扮演父母角色所接受的教育。参见王连生:《亲职教育理论与应用》,台湾地区五南图书出版公司 1998 年版,第 6~7 页。

(二) 我国进一步推动亲职教育的必要性

美国教育家陶森曾指出亲职教育的意义所在："生育和抚育是两回事，生了孩子并不意味着自然地具有了抚育子女的智慧和本领，要尽到为人父母的职责，必须彻底地了解儿童的成长过程。许多父母只是从经验中用许多错误换来这份了解，其实如果实现就对儿童发展下工夫，有许多的错误都是可以避免的。"①

近年来，我国已开始关注实施亲职教育，并通过法律和制度来推动亲职教育的进一步开展。《中华人民共和国未成年人保护法》及《最高人民法院关于适用〈中华人民共和国刑事诉讼法〉若干问题的解释》均明确规定，有关国家机关和社会组织应当为未成年人的监护人提供家庭教育指导，引导未成年犯的家庭承担管教责任。应当肯定的是，我国近年来我国在亲职教育方面取得了一定进展：亲职教育的理念得以提高，工作主体得以壮大，对象范围得以扩展，教育方式日趋多样。

当然，与国外发达国家相比，我国的亲职教育尚处于探索阶段，开展的效果还不甚理想。因此，一方面，亲职教育在我国仍有待进一步规范化、普及化及专职化；另一方面，亲职教育作用的充分发挥仍有待进一步推进。尤其是在当前社会转型的背景下，由于经济压力、人口政策等因素，传统家庭结构趋于解体，导致家庭教育出现许多问题，如父母迫于生活压力无暇教育子女、独生子女家庭溺爱现象普遍、留守儿童、缺陷家庭增多等。在家庭教育功能受到严重削弱的同时，许多为人父母者仍处于无师自通的状态。越来越多的家长意识到，"只有父母好好学习，孩子才能天天向上"，社会对亲职教育的期待日益迫切。

二、我国基层法院亲职教育的实践：以北京市海淀区法院为例

近年来，我国基层法院开始探索亲职教育实践活动，其重要目的在于巩固对失足少年的挽救效果；普及家庭监护及教育知识；提高社会对亲职教育的认识；深入推动家庭教育立法。

---

① 参见《孩子犯罪，根在大人》，载《中国青年报》1999年11月3日第5版。

为履行未成年人保护法关于"有关国家机关和社会组织应当为未成年人的父母或者其他监护人提供家庭教育指导"的规定，提高家庭及社会对亲职教育重要性的认识，为家庭教育立法提供实践支持，近来海淀法院未成年人案件审判庭专门开设了"亲职教育课堂",① 采取专家授课、影片观摩、亲子互动、读书会等多种形式推进亲职教育活动，收到了良好的效果。

（一）海淀法院亲职教育发起背景

海淀法院长期以来的审判实践表明，未成年人犯罪与其家庭监护缺失、父母教育方式不当密切相关。父母与子女朝夕相处，其对未成年人的教育影响是深入骨髓的。家长的言行和形象，直接影响孩子的道德品质、理想信念的形成。据海淀法院2012年12月对100名在押未成年犯的调查显示，未成年犯的家庭成长环境普遍较差，57.9%的少年来自于单亲、继亲或婚姻动荡家庭，其中半数以上少年曾脱离家庭监护单独居住；家庭教育方式方面，48%的家庭以溺爱、放任为主，另有23%的家庭以打骂体罚为主。父母作为未成年子女的第一监护人，对未成年人的犯罪应负直接责任。即使是未成年犯被宣告非监禁刑或刑满释放后，家长的言传身教和潜移默化的影响仍然不可忽视，其能否重回人生正路与父母能否认识到自身在履行教育、监护职责上的误区，进而转变错误的教育方式密切相关。

（二）海淀法院亲职教育的实践探索

2013年1月，海淀法院法官们带领10余名家长到海淀看守所与失足少年们举行"新春佳节齐欢度，情法共暖少年心"亲情座谈会，并引导家长们反思以往家庭教育的失误，由此拉开海淀法院探索亲职教育的序幕。同年6月，未审庭"亲职教育课堂"首次开讲，13位失足少年父母参加了活动。此项活动主要就开设"亲职教育课堂"的意义、未成年人的成长规律及有关家庭保护的法律规定、父母应如何培养孩子健全的人格和良好的品行等方面向在座的父母进行了讲解，并向家长赠送了《法官妈妈给父母的90个建

---

① 海淀法院未成年人案件审判庭长期关注对未成年人的家庭教育，曾与多个社区共建"少年与家庭法制基地"，尚秀云法官曾参加教育部、全国妇联组织的更新家庭教育观念报告团，到全国24个城市作巡回报告，并获"北京家庭教育三十年公益奉献人物"荣誉称号。此次开设"亲职教育课堂"是为教育挽救失足少年，预防未成年人犯罪进行的又一项有益探索。

议》等有关家庭教育方法的图书。在此基础上，该院又联合海淀检察院、海淀司法局、海淀教委等单位合作开展"亲职教育进社区、进校园"活动，继续将授课对象扩大到被不起诉少年的监护人，为触法、涉诉少年的父母进行了有针对性的亲职教育讲座，并邀请人大代表到场。

具体而言，海淀法院亲职活动的主要内容及效果如下：

1. 工作主体。亲职教育的工作主体建设是整个实践活动的重要基础。为保障亲职教育工作的稳步落实，海淀法院在"优先尝试个案，逐步形成制度"思路的指导下，为进一步扩大亲职教育工作在全区的影响，经海淀法院积极倡导，2013年与市公安局海淀分局、海淀检察院、海淀司法局达成了《共同开展亲职教育工作的意见》，并由海淀法院负责整合各单位资源，推动工作开展。

2. 教育对象。为扩大亲职教育的受益面，海淀法院开展的亲职教育对象广泛，主要包括：被公安机关处理过的触法未成年人、被人民检察院不起诉的未成年人、案件审判过程中发现需要接受亲职教育的未成年人、正在接受社区矫正的未成年人的父母或其他监护人，以及其他因未成年人教育问题而通过热线电话、邮件、网络媒体等方式向各单位求助的父母或其他监护人。

3. 教育类型。为提高亲职教育的针对性，海淀法院积极探索亲职教育方法，针对不同的对象分别开展了有针对性的亲职教育和一般预防性亲职教育。有针对性的亲职教育，需由帮教考察官与监护人确定亲职教育时数，订立教育计划；适用对象为触法、涉诉未成年人的父母或其他监护人。一般预防性的亲职教育，则由帮教考察官根据社会需求邀请监护人参加；适用对象为辖区内的其他未成年人的父母或其他监护人。

4. 教育方式。为提高亲职教育的效果，在教育方式方面力求多样化和灵活性。主要包括个别辅导、小团体辅导、大团体辅导、亲子互动、读书会及亲职教育宣传、家庭探访等形式。具体包括：（1）在失足未成年人的父母或其他监护人有迫切需求的情况下，聘请家庭教育或心理学专家进行持续性的个别辅导，有针对性地解决家庭教育问题。（2）在北京市海淀区人民法院开设亲职教育课堂，每两个月一次，通过聘请"帮教考察官"、家庭教育专家等举办各种形式的讲座、座谈，以小团体辅导的方式，对失足未成年人的父母或其他监护人开展有针对性的亲职教育。(3)进入学校、街道、社区、"中途之家"等基层组织,以大团体辅导方式或现场咨询方式,对辖区内未成年人父母或其他监护人开展一般预防性亲职教育。(4)进入未成年犯管教所、看守所,以讲座、座谈会或亲子互动等形式,为探监父母或其他监护人开展亲职教育。(5)开通未成年人法律援助热线电话、微博等新媒体,在固定时间段对未成年人的父母或其他监护人进行释法教育及疑问解答。

5. 社会效果。海淀区法院开展的亲职教育活动取得了良好的效果。从未成年人家长受教育层面讲,通过亲职教育培训使他们不仅对法定监护义务及科学教子方法有了明确认识,而且坚定了其做"亲职教育课堂"忠实学员的信念。此外,人大代表、全国妇联、海淀教委及新闻媒体也对此项做法给予了充分肯定。总体看,海淀法院在亲职教育方面取得了良好的社会效果与法律效果。该院开展的亲职教育内容实用,形式新颖,并成为学校和社区进行亲职教育的学习示范。

三、关于我国亲职教育的立法建议

一位教育家曾经讲道:"现今的父母教育子女,就是缔造国家未来的历史。"

当前,我国处于社会转型时期,都市化生活和职业社会化趋势日趋明显,使得社会最基本的单位——家庭受到前所未有的冲击,传统家庭教育功能受到了一定程度的削弱。因此,以立法形式规范和引导家庭教育,将强制性亲职教育作为监护人承担法律责任的方式,通过法律手段对问题家庭予以社会干预,不仅可以提升家庭教育的科学性,而且也是预防未成年人犯罪、保护未成年人身心健康成长的必然要求。

基于国家亲权理论,许多国家都用法律处罚来强化父母对子女的责任。如英国规定对违法少年的父母可判处养育令,强制其就教育孩子相关内容接受培训,违反要求的家长将被视为犯罪,并被处以罚款。美国通过颁布《家长法案》及《不让一个儿童落后法》,对家长参与子女教育的权利和义务作了明确规定。2011年,我国台湾地区正式颁布"家庭教育法",为亲职教育的进一步开展提供法律保障,并规定了详细的惩戒措施,每一款规定都有相应的机构具体落实，可操作性非常强。①

我国也应通过立法形式明确亲职教育的法律地位。具体而言，可通过《家庭教育法》《预防未成年保护法》等法律的制定及完善，来进一步确定家庭教育的地位，提高父母对家庭教育重要性的认识，进一步明确细化父母对未成年子女的教育职责，以及不履行教育监护义务而应承担的法律责任。具体而言，设想如下：

（一）立法明确规定家庭教育的职责

1. 确立家庭教育的地位与性质。国民教育体系由家庭教育、学校教育、社会教育组成。家庭教育是具有终身影响的教育，是学校教育和社会教育的基础，决定着学校教育和社会教育的成效，是未成年人健康成长过程中必须列入重点、精心组织指导的科学教育活动，其法律地位与性质应在立法中予以明确。

2. 明确家庭教育相关主体的职责范围。父母或监护人是家庭教育的主要实施者，应对其职责予以明确规定，如要求他们不断学习、掌握有关家庭教育的知识，形成科学育儿的理念，增强家庭教育的责任感，提高家庭教育的能力等。目前在我国，家庭教育工作由妇联实际负责，为保障家庭教育工作的长效性和科学性，建议将家庭教育的主管机构规定为教育行政部门。

3. 规范家庭教育指导行为。家庭教育具有较强的私人属性，不宜对家长行为进行直接、系统干涉，可通过规范家庭教育指导行为，提高家庭教育指导的科学性与质量，引导家庭教育向规范化、科学化、法制化、全民化方向发展。具体可从家庭教育指导的实施与管理、家庭教育指导网络的建立与健全、家庭教育指导培训三个方面，对家庭教育指导作出系统和完备的规定。对于社会关注的家长资格问题，我们认为不宜强行要求家长获得"上岗资格"，可行的做法是规定婚前必须接受一定时限的亲职教育培训。

（二）立法明确规定强制性亲职教育

少年司法实践证明，问题少年是问题父母的产物，只有改变父母的行

---

① 参见杨洁：《台湾亲职教育经验及启示》，载《特立学刊》2012年第4期。

为，才能改变孩子的行为。不称职的家长不仅影响孩子本身，更重要的是，他们造就的问题少年可对社会构成巨大的威胁与破坏。① 反观我国的相关法律规定，虽对父母应承担的法律责任有所涉及，但原则性较强，尤其缺乏刚性的惩处措施作为保障。如根据《预防未成年人犯罪法》和《未成年人保护法》的规定，未成年人的父母或者其他监护人不履行监护职责，仅能由其所在单位或者居民委员会、村民委员会予以劝诫、制止；放任未成年人有本法规定的不良行为或者严重不良行为的，仅能由公安机关对未成年人的父母或者其他监护人予以训诫，责令其严加管教。为体现对未成年人的切实保护，防止其因儿童时期未受到良好的家庭教育而在成年后出现反社会倾向，必须以法律处罚方式来强化父母对子女的责任。因此，建议在《家庭教育法》《预防未成年人犯罪法》等法律中引入强制性亲职教育制度，将其作为怠于履行教育职责的监护人承担法律责任的方式。

具体涉及的内容如下：

1. 明确裁判主体、对象及监督主体。立法应明确规定对于触法、涉诉少年的监护人或涉及未成年人民事权益的婚姻家庭案件中的监护人，可由法官根据社会调查情况判断监护人是否尽到教养义务，通过裁定或决定方式判令其接受亲职教育，同时函告司法局对执行情况予以监督。

2. 明确执行主体以教育机构为主。在社会分工更加细化的当今时代，亲职教育的授课主体不能仅依赖于法院或其他司法机关。鉴于我国各地发展水平不一的现状，为保障强制性亲职教育的全面推行，应在教育行政部门的统一管理下，建立各类学校为主，街道社区和社会化培训学校为辅，多层次、多样化的执行主体。亲职教育机构应提供教育内容和教育计划安排，供家长选择合适的时间参加。家长按要求参加完全部教育计划后，由亲职教育机构将已学习情况反馈给司法局予以监督备案。

(三) 强制性亲职教育的立法方式

鉴于制定一部《家庭教育法》涉及相关法律配套、运行机制等一系列问题，可以考虑在修订《预防未成年人犯罪法》时，引入强制性亲职教育

---

① 参见李玫瑾：《构建未成年人法律体系与犯罪预防》，载《少年·和谐社会的希望》，人民法院出版社2006年版，第71页。

制度,并增设未成年人违法犯罪,其监护人应承担相应法律责任的规定。如规定触犯治安管理处罚法、刑法及出现严重不良行为的未成年人的父母或其他监护人,都要接受强制性的亲职教育,违反学习义务者将承担罚款等更严苛的法律责任。以此弥补废除劳教制度后的缺失,既实现立法上的衔接,又可通过对问题少年的早期干预,帮助其顺利完成社会化过程。待条件成熟后,可在刑法、刑事诉讼法中对亲职教育予以进一步明确规定。

从矫正向修复的纵深推进
——立足未成年人帮教工作之困境

王 平* 李晓萍**

【提要】未成年人犯罪作为全球性问题一直备受关注,世界各国无不将关怀和保护未成年人作为国家法律的重要方面,我国在实践中贯彻"教育为主、惩罚为辅"的原则,已经取得了较好的社会效果。但随着专家学者对刑事问题认识的深化、对未成年人犯罪心理的研究、对未成年犯社会矫正的价值成本的理解,从建立和谐社会的视角来看,未成年犯回归社会的能力还相当薄弱,由此也折射出当前社会关于未成年犯的矫正功能还是停留在制度的层面上。未成年犯的"档案封存"入法之后,一直以"档案污点"作为入学之"绊脚石"被搬开了,"再入学"也将成为社会管理创新活动中迫切探究的热点话题。

笔者拟从所在基层人民法院近四年的未成年犯"再入学难"的角度,以案件占比、犯案年龄、受教育程度等数据及有关社会问卷调查为切入点,立足我国现行少年犯矫正制度,对比国内外未成年人矫正具体做法,结合本院在社会管理活动中的系列帮扶挽救举措,探索社会"修复"功能应如何定位,尝试破解未成年犯回归社会艰难之困惑,并提出从矫正层往内在修复推进的切实可行之模式。

---

* 江苏省海安县人民法院党组书记、院长。
** 江苏省海安县人民法院少年法庭助理审判员。

审视现状:"再入学"之难

《礼记》有载,"八十、九十曰耄,七年曰悼。悼与耄,虽有罪,不加刑焉。"由此可见,我国自西周时就有了优待未成年人的法律。近年来,我国在对未成年罪犯处理上经历了一个从打击到挽救的转变过程,完成从单一审判方式向多方位、多角度建立"家庭、学校、社区三位一体"帮教体系的过渡。这是一个巨大的成功,但仍有不尽如人意之处。在我国,现阶段普遍施行的"家庭、学校、社区三位一体"的未成年罪犯防治体系仍发挥着积极的作用,但由于这个体系没有相关的法律制约,导致该体系中的三个关键点在发挥作用时没有明确的职责和制约,也没有细致的规则指导,更没有一个完整的执行体系及保障,当其中一方放弃自己的职责时就使这种体系形同虚设,流于形式。

在我国,对未成年犯的矫正措施上有别于成年人,但成熟的社区矫正需要一定的技术支撑,如人格测评、心理矫正技术的引入等,吸收社会工作者、心理学家等专业人士的参与,矫正手段的科学化程度、到位效果影响到社区矫正的发展。倘若矫正的执行措施标准不一、矫正的力度失衡,会导致刑事执行的统一性、公正性受到损害,而一旦社区矫正的公正基础受到动摇,其生命力就会走向枯竭。因此,如何强化矫正的力度、优化矫正的举措,扎实推行让未成年犯健康回归是我国社区矫正发展中一个亟待解决的问题,未成年犯的档案封存问题入法之后,一直以"档案污点"作为入学之"绊脚石"被搬开了,"再入学"也将成为社会管理创新活动中迫切探究的热点话题。

一、数据展示

笔者就所在基层法院 2008~2011 年审理的全部涉少刑事案件进行疏理,对案件占比、罪名、犯案年龄、受教育程度、期满回归情况等指标一一进行比对和分析,结合专项社会调查表的内容,力求从解读现状的角度出发,阐述未成年犯"再入学"的迫切性,以及"再入学"之难的原因所在,为下一步构思提供有力依据。

(一) 绝对数和相对比例呈上升态势

数量和相对比例上升迅速是本院近年未成年人犯罪的最主要趋势,也是引发笔者调研的主要原因。根据我院近三年来审结的刑事案件统计,近年我区刑事案件中的未成年犯数量和所占比重都上升迅速,个别年份甚至出现激增。

2008~2011年,我院共审理未成年人犯罪案件90件136人,判处非监禁刑78人,其中免处2人,占判决总人数的57.4%。(具体分布如图一)

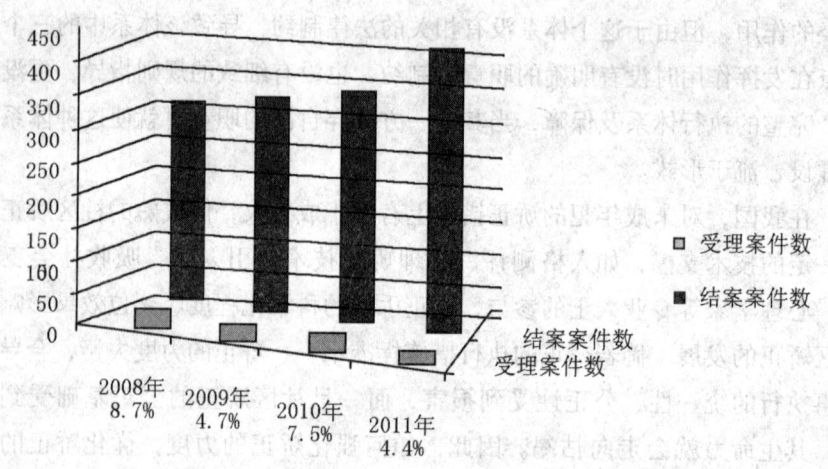

图一 2008~2011年涉少案件占全院刑事案件比例图

(二) 侵财犯罪是主体

2008~2011年,我院共审理未成年人犯罪案件90件136人,其中盗窃、抢劫等侵财性案件48件63人,从犯罪类型及罪名上看,我区未成年人犯罪中财产犯罪如盗窃、抢夺、抢劫等在三类犯罪占了绝大多数(超过50%),该特征与我国其他地区大致相同。(见图二)

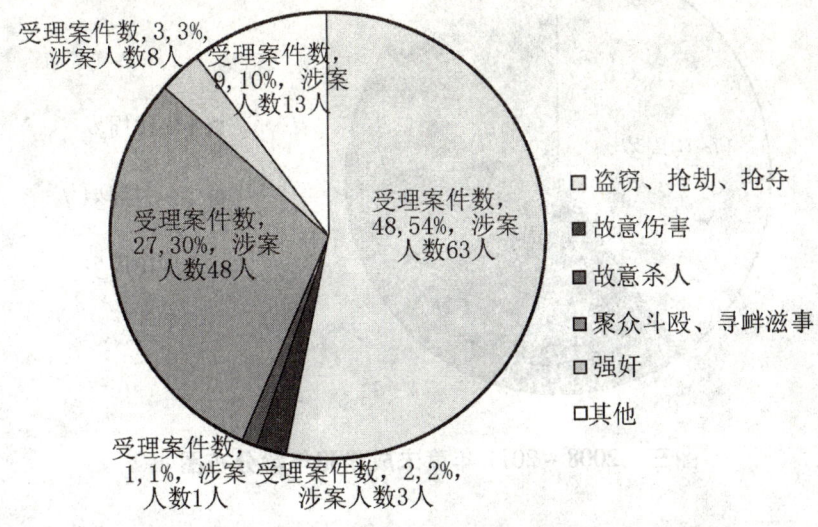

图二　2008~2011年度涉少刑事案件案由分布图

（三）低龄化趋势

对我院近四年来判处的136名未成年犯犯罪年龄进行统计发现，已满14周岁不满16周岁的人数占1/3强。因我国刑法规定14周岁以上16周岁以下的未成年人只有犯故意杀人、抢劫、强奸、放火等重罪时才承担刑事责任，故统计中已满14周岁不满16周岁的犯罪人数量逐渐增多，也意味着这几类恶性刑事犯罪的相应增长。另外，因法律规定不满14周岁的未成年人绝对不承担刑事责任，所以司法机关的数据中也就无法反映出一些不满14周岁就已走上违法犯罪道路的未成年人的数量增长情况。（见图三）

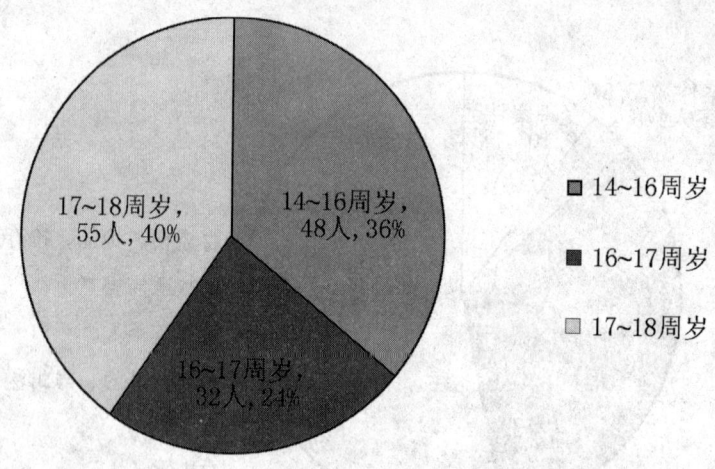

图三 2008~2011年度未成年犯年龄分布图

（四）受教育程度普遍较低在

未成年犯中，一个普遍现象是受教育程度较低，从审结的未成年人犯罪统计表中可以明显看出这一点。（见图四）

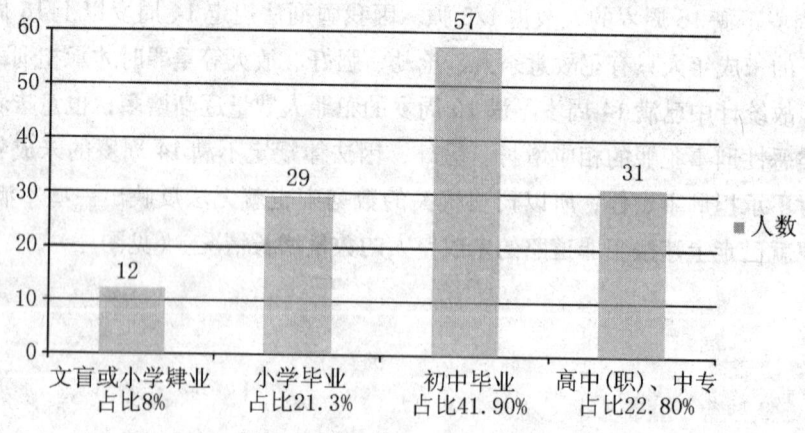

图四 2008~2011年度未成年犯受教育程度分布图

（五）判后回归情况

本院 2008 年以来截至 2012 年 3 月份底，有 101 名特殊青少年回归社会。（具体情况如图五）

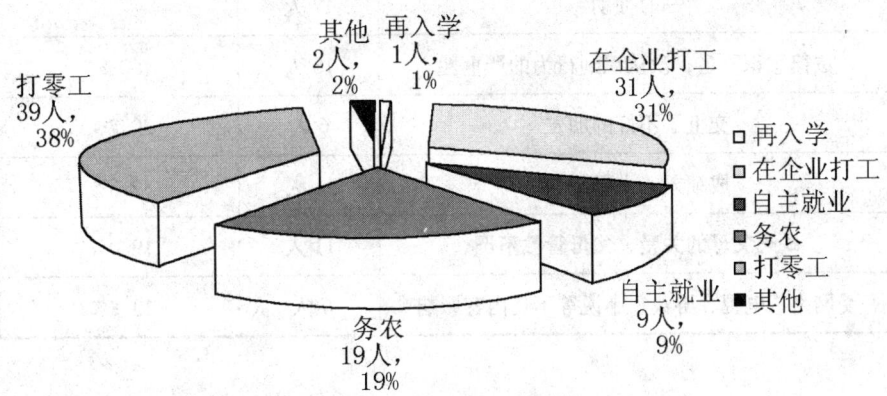

图五　2008～2011 年度未成年犯回归社会情况

二、问卷调查

笔者针对所在地区目前 33 名期内未成年犯做了三个问题的问卷调查，一是犯罪时的年龄是多大，二是自认为犯罪的原因是什么，三是期满后最想干什么。

社会调查表一

问题	你违法犯罪时多大年龄？			
年　龄	14 岁	15 岁	16 岁	17 岁
人　数	6 人	10 人	12 人	5 人
所占比	18.2%	30.3%	36.4%	15.1%

社会调查表二

你认为导致你犯罪的主要原因是什么？（可选多项）		
没有钱，又找不到工作（或打工工资太低）	19人	55.2%
一时冲动	12人	
法律意识不足，没认识到行为的严重性	18人	50%
交上了不好的朋友	6人	39.7%
成绩差，太早退学	11人	32.8%
缺乏父母的关爱、父母管教不严	11人	19.0%
受网络、电视、游戏、小说等不良内容影响	7人	13.8%

社会调查表三

期满后最想做什么？		
想继续上学	8人	24.2%
想学门手艺，如钳工、厨师等	7人	21.2%
想出去打工，如建筑工等	8人	24.2%
想自主创业，如开火锅店等	5人	15.1%

三、现状解析

从以上几组数据来看，随着我国经济社会发展，社会阶层不断分化，未成年犯的数量不断增加，形成了特殊青少年群体。笔者认为，特殊青少年指的是受过刑事处罚，处于失业、失学状态的已满14周岁不满18周岁青少年，他们与社会主流群体之间客观上存在着社会距离和差异，由此所衍生出的归属感缺失、自律性降低、对其他社会群体的敌视以及自身人格缺陷和心理障碍，严重地影响着特殊青少年对主流价值观的认同和对社会生活的心理适应，成为影响社会稳定和诱发特殊青少年再次违法犯罪的突出性社会问题。

从这三组调查的情况来看，其中除法律意识不足一项相对独立外，其他几项之间又都有着一定的关联或因果关系。通过实际的调查统计可以发现，我们传统的或者内地的一些研究结果中所指出的一些原因，如单亲家庭，父母不睦，学校教育不当，网络、电视等传媒信息内容混杂等，在本辖区未成年人犯罪原因统计中并不显著。根据对该项调查的统计，涉及社会经济状况、学业、家庭、社会生活和文化环境四大块。

剖析根源：矫正之软肋

所谓"矫正"，简单地说是在一个具有地域性的社会生活共同体中进行的对不法行为的活动。从社会心理角度看，相同社会阶层的人相互更有认同感，更愿意选择居住在同一区域。由于不同的社会群体有不同的社会地位和社会文化，他们之间客观地存在社会距离和心理距离，在人际关系上表现为冷漠、反感、疏远和排斥，社群隔离就是这种距离的外显。"社群隔离"一词就是社会群体隔离的简称，主要指由于不同社会群体之间存在社会心理距离而导致社会群体间的隔阂和疏远的现象。① 社会隔离一旦形成反过来又会加剧被隔离群体成员之间的相互依赖，加剧对这种同质聚居或交往方式的依赖，这样又使社群隔离被强化。而现有的教育模式正隐藏着潜在的"隔离"。

一是标签化效应影响特殊青少年学生身份的认同。

主流群体为了维护自己的优越地位和独占资源，往往采取标签化的策略。标签化，是指一个群体将人性的低劣强加到另一个群体之上并加以维持的过程。② 标签化将特定群体偏向负面的特征刻板化，成为该群体特征对应的一种代称。在主流群体看来，特殊青少年低级趣味、品行恶劣、有犯罪前科，其种种行为不符合现代文明的要求。人们根深蒂固的思想，加之社会的

---

① 郭星华：《社群隔离及其测量》，载《广西民族学院学报》2006年第6期。
② 李培林：《农民工：中国进城农民工的经济社会分析》，社会科学文献出版社2003年版。

关爱面有限，而且由于大多数新闻传播媒体站在主流群体的立场看待特殊青少年问题，即便竭力作一些正面的引导报道，但"犯罪人"这一标签使得特殊青少年在各个方面不为主流群体所接纳。"主流社会经常用一个普遍的话语体系去解释社会弱势群体，从而使这一群体被排斥，处于社会的底层"。① 特殊青少年常常因此陷入自我身份认同困境，形成本群体内部的一种内卷化的关系认同，成为于游离于主流群体外的边缘人。

由于标签化身份认同，使得特殊青少年这一团体难以形成对社会的归属感，形成过客心态。作为过客，特殊青少年只能在本群体中寻求认同和归属，这样本来愿意融入主流社会的特殊青少年，被迫采取这种自愿性隔离策略，不仅逐步加深了不同群体之间的陌生感，也延缓了其正常社会化，反过来又进一步强化了主流社会群体对他们的歧视与排斥。一个人一旦被贴上特殊的社会标签，就减少了他们接近主流社会的机会，这无疑会让他们回归社会后无所适从，无法以认同学生的身份潜心学习，这促使他们转向以非法手段去追求目标，使他们在犯罪的道路上走得更远而无法改变，形成恶性循环。

二是法律缺陷影响教育系统对特殊青少年的挽救意识。

为了教育、挽救有违法犯罪行为的未成年人，我国教育法第三十九条规定："国家、社会、家庭、学校及其他教育机构应当为有违法犯罪行为的未成年人接受教育创造条件。"预防未成年人犯罪法第四十八条规定："依法免予刑事处罚、判决非监禁刑罚判处刑罚宣告缓刑、假释或者刑事执行完毕的未成年人，在复学、升学、就业等方面与其他未成年人享有同等权利，任何单位和个人不得歧视。"《社区矫正实施办法》第三十六条第一款规定："社区矫正人员的人身安全、合法财产和辩护、申诉、控告、检举以及其他未被依法剥夺或者限制的权利不受侵犯。社区矫正人员在就学、就业和享受社会保障等方面，不受歧视。"刑事诉讼法第二百七十五条规定了未成年犯犯罪记录封存。如此多的规定，但对让"非监禁刑"少年回归学校规定依然是大而泛的，并没有明确规定，只是原则性地规定了"不得歧视"，并不

---

① 张和清等：《弱势群体的声音与社会工作的介入》，中国财政经济出版社2002年版。

具有可操作性。此缺陷也令不少学校局限于部门利益，对挽救未成年犯罪人的重要性认识不足，都不愿意接收"特殊青少年"，导致法律规定与教育理念相冲突的尴尬局面。

在调研中，笔者了解到，如果在接受九年义务教育阶段的孩子犯了罪，学校往往采取规避义务教育法的做法，以"软处理"——劝退的方式将孩子从学校逐出。如果是在九年义务教育阶段以外的孩子犯了罪，学校为了不影响本校的声誉和在教委的考核成绩，往往也是采取劝退的方法。对此校方认为，学生违反校规校纪学校有权开除，更何况是学生犯了罪。另外，学校都在争创"零犯罪"的指标，一旦学生有了犯罪记录，年底教委考核成绩就会受影响。这样的考核制度决定了学校不会再让未成年犯罪人重回学校，以免影响其他学生或带来管理上的问题。在被逐出原有学校后，这些孩子在转学时同样面临接收难的问题。家庭条件好的孩子不得不花高价去民办学校，而家庭困难的孩子往往就辍学在家，失去接受教育的机会，极易发生重复犯罪。

三是生存环境的漠视影响特殊青少年社会化心态。

特殊青少年的社会化是指特殊青少年在一定的社会与文化背景下，通过与社会的交互作用来逐渐接受社会的同化，使自己成长为能够遵守社会规范、履行一定社会角色行为的社会人的过程。"青少年社会化的成功与否对青少年的未来发展有着重要联系，因为青少年社会化不充分，容易造成其自我控制能力低的后果。"① 罗伯特·默顿的社会反常状态论认为，在一个以成功为其主要社会目标，但其中许多社会成员又不能获得作为成功标志的物质财富或社会地位的社会里，发生违法犯罪的可能性最大。由于中国社会的阶层变化和不同社群之间的差异，拥有较多物质财富和较高社会地位并非每个人都可以平等地得到。特殊青少年的生活环境、日常交往、行为方式、成长背景等均在很大程度上区别于其他群体，使得他们产生强烈的疏离感和挫折感，所有这些都潜伏着群体矛盾和群体冲突的危机，很容易出现再次失范行为甚或再次走上犯罪道路。萨瑟兰认为："犯罪是在交往过程中，通过与

---

① [美]特拉维斯·赫希:《少年犯罪原因探讨》，吴宗宪等译，中国国际广播出版社1997年版。

他人的相互作用习得的。对犯罪行为学习的主要部分发生在亲密的群体中。这种群体的主要成员是犯罪人所熟悉的伙伴、朋友等。犯罪学习的主要内容包括两项内容：一是犯罪的技术；二是犯罪动机、驱动力、合理化和态度等特定方向。"① 从这个意义讲，犯罪既是特殊青少年正常社会化阻滞与中断的原因之一，也是结果之一。

笔者在所在地辖区的未成年犯中作个一个社会调查，其中设置的问题是：刑满后或是缓刑期间，你们愿意到学校继续读书吗？愿意跟哪些人交往？在32个孩子中，有21个回答愿意继续读书，有28个孩子回答愿交到看得起他们的人，但心里觉得没人瞧起他们。由此可见，未成年犯普遍对社会具有不信任感，这种信用危机在某种程度上强化了他们的孤独感，导致他们无法具备回归社会的良好心态。

四是社会体系的缺失影响特殊青少年回归社会的能力。

法国刑法理论家卡斯东·期特法尼指出："刑事政策极其严重的困难之一是，我们尽力使犯罪人能够适应社会，其本人也恢复了信念，尽管如此，这些人却发现对他们的真正惩罚是在他们走出监狱之后才开始的，社会专门排斥他们，使他们的全部生活都由犯罪打上了烙印。"可见，减少重新犯罪并帮助未成年罪犯回归社会是我们进行社区矫正的最终目的，才能最终实现和谐社会。建立和谐社会的目标是令人鼓舞的，但真正达到和谐社会的状态和境界，却是非常艰难且漫长的过程。

立足当前挽救未成年犯的现状，在我国各地负责未成年人犯罪的机构并不少，有综治办、团委、公检法、社区矫正机构等，而牵头单位又往往是团委下设的未成年人保护委员会，不具领导力度，使得这项工作处于多头管理又力度不够，看似有网实际又网不严的状态。公、检、法系统为落实最高人民法院、最高人民检察院最新司法解释的精神，不得不做一些超出自己职能的工作。不少检察院、法院未成年办案机构通过千方百计做工作将一些由他们承办的"特殊青少年"送回到学校，但是这些工作都是靠检察官、法官本身的社会责任感和个人关系、个人努力来实现的，存在较多的司法机关一

---

① 杨焕宁：《犯罪发生机理研究》，法律出版社2001年版。

家唱"独角戏"的局面。

同时,笔者也了解到学校、教师的反映:"现在的学生大多是独生子女,家长们非常看重孩子的学伴,要知道孩子班里有这么一个学生,肯定会要求孩子转班。"由于社会的种种压力,也造成学校难于接受未成年犯罪人返校。对于在九年义务教育阶段以外回到家里的孩子,社区也多缺乏具有心理学、社会学等专业的人士对这些未成年人进行监管。外省市未成年犯罪人在判处"非监禁刑"后,基本失去控制。外省市未成年人犯罪多与涉财案件有关,这与他们要生存不无关系,判处"非监禁刑"后继续就学是他们想也不会想的问题。为了生存,也可能由于成年人的教唆,这些人再次犯罪的可能性很大。

角色定位:修复之必要

美国学者巴内特曾最早提出"修复性司法"一词,修复性司法正是在传统刑事司法制度理论上面临困惑和实践中遭遇挫折的基础上应运而生,它带给我们"国家不应是维护社会秩序的唯一力量、司法应成为犯罪所造成损害的修复者、司法应追求均衡价值和全面正义、犯罪解决途径应多元化"等许多有益的启示,并对传统刑事司法作出了积极的回应。在构建和谐社会语境下,加强对"修复"在对未成年犯矫正中的功能性上进行探讨和研究,具有很强的理论价值和现实意义,无疑会对我国未成年人犯罪司法发展大有裨益。

英国学者马歇尔认为,修复性司法是"一个特定侵害的相关各方聚集在一起以积极态度处理和解决该侵害现时所致后果及其对未来影响的过程"。[①] 现代意义上的修复性司法是近年来西方国家在刑事改革领域推行的一项新制度,指在调解人的帮助下,受害人和罪犯及酌情包括受犯罪影响的任何其他个人或社会成员,共同积极参与解决由犯罪造成的问题的程序的总称,是一种以修复性程序实现修复性结果的非正式犯罪处理方式。

笔者在此文中探讨的"修复"是指对针对未成年犯的判后回归社会、

---

① 刑法论文:《从对抗走向和谐:修复性司法的本土移植》。

适应社会而言，包括其法律意识、人格尊严、权利意识、民主、和谐和社会支持。其司法核心思想就是"修复"，即改传统"惩罚"、"矫正"为"修复"。

1. 中国内地。出台相关《社区矫正实施办法》，对未成年犯的矫正与成人的矫正予以区分，对一些行为进行了详细的规制。遗憾的是，矫正制度推进数年来，始终没有形成统一的矫正体系，城乡差别越来越明显，且对"再入学"问题依然是停留"原则上"，并没有切实可行的具体举措，对支节问题采取了模糊观点。

2. 中国香港。感化令，供裁判法院、地方法院和最高法院运用的一种判刑。其目的是促成犯罪人改过自新。社会服务令，为犯有可判监禁罪、已经14岁或以上的罪犯提供的自新服务。社区志愿服务计划，由感化主任将犯罪青少年转介到有关社区支援中心参加短时间的密集小组活动，获得改善自我形象、树立信心的机会。

20世纪七八十年代以来，以欧美为主的许多国家不断探索、实践新的刑罚执行方式，正是这种背景下，社区矫正作为一种更加人道且具备更多优点的方式，在许多国家迅速发展成为一项法律制度①。

1. 美国。美国的一些州制定了专门适用未成年犯的社区矫正项目，如释放安置，类似成年人的假释；养育之家，未成年人法院或家庭法院将家中安置到一个替代的养育家庭如教养院，在社会设立，配有专门的咨询工作人员和常驻工作人员。

2. 日本。"未成年犯矫正处遇"是日本独有的提法，分为机构内处遇和机构外处遇，主要从事两项活动：一是预防未成年犯违反条件和重新犯罪而进行的监督；二是促进未成年犯复归社会的过程和提高未成年犯的福利而提供的帮助。

3. 澳大利亚。对未成年采取4种矫正制度，缓刑监督，将被定罪判刑的犯罪人附条件放在社会上给予监督、暂缓执行刑罚的方法（与我国一致）；社会服务令，在社区提供无偿劳动；少年犯管教中心令，未成年犯每周特定时间到管教中心参加活动的活动；良好行为保证，未成年犯在法庭提

---

① 参见廖斌、何显兵：《社区建设与犯罪预防》，人民法院出版社2003年版，第3页。

供行为保证,到社区实行刑罚,亦类似我国的缓刑监管。

综观国内外关于未成年犯矫正的运行模式,我们不得不再次从人性的视野去察觉这一体系,刑法是研究犯罪、刑事责任、刑罚的。犯罪的核心是行为,追根溯源还得从"人"出发,刑法规范本身就是对"人"行为的合理、有效地调控,着眼整体、兼顾局部,构建和谐世界,科学的刑法观念。① 这不仅仅体现其内部规范结构的协调,在其内部有其证成的基点,在其外部有其立足的依据。笔者认为,人与人相结合所形成的影响是巨大的,古语"防民之口,甚于防川""水能载舟,亦能覆舟"从某种角度上都说明了"人民"的力量。对于大众来说,人及其共性之处,虽有个别差异、例外,但不会影响其规范体系。我们不得不呼吁社会不要把"关爱"喊在口头上,而是要深刻认识到人性的共性是其正当性的前提和基础,满足人的需求是其自身演变的不竭动力,也许刑法本身就不可避免地带有柔性色彩。

随着人们对犯罪和刑事问题认识的深化,人们发现了传统刑事司法暴露出许多弊端,并造成刑事司法报应和矫治存在冲突、严厉的刑罚并没有改变犯罪人的行为、司法资源投入过大等困境。试看修复性司法的域外发展,世界上第一个修复性司法案例发生在1974年加拿大安大略省的基切纳市。1978年,在美国印第安那州的厄克哈特也建立了加害者和解计划,随后发展到全国。英国的修复性司法发端于少年矫正制度。最早在刑事司法中实施修复性司法的是英格兰和威尔士的牛津郡警察局。他们在处理青少年犯罪案件时,注重社会各方面力量的参与,形成感化、教育和治理青少年罪犯的合力,这样做最明显的效果是减少了犯罪率。牛津郡采取修复性司法政策后,零售商店的被盗率为4%,而别的地区零售商店的被盗率一般高达35%。目前,修复性司法已席卷全英联邦,已经成为英国刑事司法的主流。② 此理念相继为新西兰、澳大利亚、新加坡、南非等国家所接受,并产生了多种实践模式。

---

① 洪凡:《浅谈刑法中的"人性"关怀》,载中国论文网。
② 刑法论文:《从对抗走向和谐:修复性司法的本土移植》。

创新路径：管理内化之价值

　　笔者认为，人民法院作为社会管理创新的"参与者"，同时还担负着为社会管理创新提供保障、为社会确立行动规则和行为导向、推动社会公共政策实施等作用，充当着社会管理创新"保障者""引领者""推动者"等多种角色。不管是从社会管理创新的目标出发，还是从管理主体、管理方式和管理手段来看，社会管理创新都是人民法院必须切实抓好的"分内事"。社会管理创新要取得实效，必须充分发挥法院的司法职能作用。同时，也意味着法院必须以与社会管理创新需要相契合的方式来发挥自己应有的作用。如何借加强和创新社会管理活动这一平台，使未成年犯回归社会达到较好状态的必要性和紧迫性迫在眉睫。

　　当然，必须指出的是，社会管理创新是运用现有的资源和经验，对传统管理模式、方式、方法手段进行改造和变革，建构新的社会管理机制和制度，以实现新的社会管理目标的活动或过程。关于"修复"未成年犯促其健康回归的创新切入点，须贴近当前现状，借鉴各国举措，或是国内省市间的互补，须批判地接受"他山之石"为我所用。笔者立足当前形势，提出如下路径：

　　探索人与环境互动的法理思考。尝试对矫正对象实行"1＋X"的监管模式，对特殊青少年工作绝对不应是司法部门和司法人员的"专职"，而是由社会工作者、心理治疗人员、辅导人员、教育人员和精神科医生组成的矫治小组。社区矫治的目标不在于执行报复和惩罚，而在于运用社会工作的专业知识和技巧，共同为青少年提供具有"适切性"的人道主义服务，增进其社会化的能力，回归社会并回报社会。社会工作干预的焦点就是人与环境互动中产生的社会问题，从社会工作的价值观出发，每个人都置身于家庭系统、生产系统、政治系统、社会福利系统等所构成的"人生大舞台"，都在舞台上扮演着具体的角色。但是，个人的角色都是"情景化"的角色，并且随着情景的变化而变化，个人永远处于社会化和再社会化的历史展开过程中。良性运行的社会，就是个人和环境之间的交互平衡和相互调适；在运行不良的社会里，个人在社会中履行其角色时就会产生冲突、挫折、无能、不适应等感受，也就导致或轻或重的社会问题。从职业导向上看，社会工作强调人与环境互动，在对社会问题的"归因"上不是简单地归之于生理性或个体性，而是注重社会制度性和政策性的因素，这是一种根本性的思维方式的颠覆。把问题归之于生理性和个体性的成长理论，实际上是社会主流文化对青少年文化的贬低、"矮化"甚至打压，并进一步把青少年文化排斥到社会边缘位置，实际上，任何一个社会群体都是具有"多面性"的。从"互动"视角，让青少年回归"青少年文化"的主体地位；成年人对青少年"无私的爱"应该建立在对青少年的尊重的基础上，而不是"无私的爱"演变为"因爱而占有或全面控制"。

借鉴少年犯处遇开放化①完善修复体系。不可否认，特殊青少年犯罪的性质不同，犯意各异，有的确实是一时冲动，应该说，这一类青少年有可能重回校园完成学业，成为栋梁之才。我国可以借鉴国外的少年犯处遇开放化。首先，扩大社会参与。制定各种鼓励、扶植政策，吸引社会上的各类专业人员和其他社会志愿者参与，引入民间力量，促进其同社会的亲和倾向。其次，完善外出与归假制度。外出与归假制度，是对罪犯的开放式处遇制度的重要组成部分。西方行刑实践中，形成了多样化的外出与归假制度，这些制度都有明确而具体的立法规定，在行刑实践中被普遍采用，对于促进罪犯同家庭与社会的联系，强化对社会生活的适应，起到了积极的作用。再次，建立半自由刑制度。半自由刑制度，也成为间歇监禁或中间处遇，是介于完全的监禁处遇与完全的社区处遇之间的一种罪犯处遇制度。半自由刑制度是为改革短期自由刑弊端而设计的一种新型处遇模式，它不打断少年犯同家庭与社会之间的联系，不影响少年犯正常的工作与学习。我国也可以尝试建立自己的半自由刑制度，作为短期自由刑的替代行刑措施。最后，改进分级处遇制度。分级处遇也称为累进处遇，是指监狱依据少年犯的改造表现、服刑时间和剩余刑期的长短，综合考虑少年犯的犯罪性质和恶习程度，将少年犯分为不同的级别，对不同级别实行不同的处置和待遇的制度，有利于受刑人逐步适应社会、回归社会。

坚持能动帮教强化社会修复功能。肯定社会修复功能的价值前提，是承

---

① 陆而启、王铁玲：《监狱行刑社会化的理性分析》，载《石油大学学报（社会科学版）》2002年第1期。

认每个人都有自己独特的优势，而且这种优势是唯一的，每个人都有潜在的改变自我的能力，都有实现自己价值的能力。所以，社会工作者应该以平等的态度来对待每一个服务对象，承认他们的权利。不管服务对象处于什么样的状态，也不论他有多少的所谓"缺点"，社会工作的着眼点不是"问题本身"，而是"人"。服务对象本身必然具备创造理智、情感、美感、道德感的能力，他有作为一个人而与生俱来的存在价值，就有权利参与各种社会活动，就有权利去追求美好的生活。社会工作者就是要提升其实现合法权利的能力提供服务。传统的教育理念，会让那些出现社会适应问题的青少年只能被无情抛弃，否则就是浪费社会资源。这种教育观念在现实的青少年工作中还是不断被"复制"，导致教育资源越来越集中，从而也使越来越多的青少年感受到"平等教育权利"被剥夺，处于"不幸福"的状态之中，这必然会诱发各种社会中的不稳定因素。所以，青少年社区矫治上首先就是要排除人们对这部分青少年的社会性歧视，社会工作者的任务就是要协助青少年朋友们充分利用社会和社区的资源来发展自己的潜能，注重赋予每个青少年同等的发展机会和具有适切性的发展空间。社会工作的价值前提不仅使青少年社区矫治更加具有亲和力，也对社区矫治工作者提出了更高的要求，要求工作者惊醒价值观的侵入，要学会用"青少年的话语"来言说青少年的需求。

创建科学施"矫"体系化的运作模式。采纳未成年犯监管科学化建议，①强化"助人自助"的实践理念，打造"感化帮扶一体化"，根据未成年犯判后各阶段的需求，构建"三重"帮教网络：A. 针对缓管期内的少年犯，定期回访、生活资助、技术培训、联络企业；B. 针对服刑期内的未成年犯，开展乡情教育、信函联系、监所回访；C. 针对刑满以后的失足青少年，与他们保持联系，进行就业指导，帮助他们联系就业单位等。

一是建立再入学风险评估机制。设置个案评估的衡量标准，以未成年犯案发前的在校表现、成长环境、矫正表现、兴趣爱好等作为评价因素，从根本上改革未成年犯"再入学"的评价体系，铲除学校消极接受的思想，消解未成年犯及家长的畸形需求，才有可能让家庭、学校、社会三方真正形成合力，使未成年犯健康回归社会。

---

① 沈国新：《考察参观美国监狱随感》，载《中国司法》2002年第1期。

二是构建"二人结对"帮扶机制。利用青年干警或社会志愿者,与判处缓刑、管制的未成年犯签订帮扶协议,定期回访,注重培养失足青少年的感恩之心,建立帮扶档案,给帮扶对象建立个人档案,将帮扶对象的所有情况记载、图片和视听资料全部归档,通过随机抽查、相互督查、台账检查三结合的方式,进行量化考核。

三是建立"关爱青少年企业家同盟"。借助社会各界的力量,在辖区内,推选具有社会责任感、热心社会公益事业、关注未成年人健康成长的企业家,设立爱心企业作为失足青少年的帮扶教育基地,在爱心企业内部专门成立帮扶工作室,由爱业企业预留3~5个工作岗位,将有就业意向、家庭困难且表现较出色的失足青少年推荐到爱心企业学习业务技能,同工同酬,对其中表现较好的可塑之才,爱心企业继续留用,平等任用。

四是成立"心理疏导中心"。将专业咨询引入涉少刑事审判中,对未成年犯、未成年受害人普遍存在的心理问题进行"一对一"疏导,实行矫正疏导方针个性化,心理咨询师针对不同对象,制定不同的疏导方案,打消疏导对象的心理顾虑,解开他们的心结,引导积极向上的生活态度。从心理角度出发,对于未成年犯现实的改造和将来改造效果的巩固具有重要价值。

笔者认为,关于修复未成年犯的犯罪学研究不是为了发现"绝对真理",研究所得出的结论也不是"绝对真理",它只能向真理逼近。"在许多情况下,研究者所提出的结论并非是错误的,而只是包含的信息量过少。"而我们需要的是"具有高度信息内容因而具有较低或然率的陈述,因为它们接近了真理"。① 为了使结论趋向真实,需要在结论中增加信息,关注未成年犯的回归,从矫正走向修复是一条必然的和谐之路。

---

① 皮艺军:《犯罪学研究论要》,中国政法大学出版社2001年版。

【法条解读】

人性光辉下的法治实践
——解读未成年人刑事案件诉讼程序

蒋 明[*]

  十一届全国人大五次会议于 2012 年 3 月 14 日通过关于修改刑事诉讼法的决定,将未成年人刑事案件诉讼程序从普通程序中分离出来,设置为一个特别程序,受到了司法理论界和实务界的普遍关注。笔者结合刑事诉讼法的修改过程,就未成年人刑事案件诉讼程序的立法背景、争议观点以及主要内容等情况作一解读,并力求准确把握立法精神,还原立法原意,与大家共同学习交流。

一、未成年人刑事案件诉讼程序的立法背景

  未成年人刑事案件诉讼程序得以设立,是尊重和保障人权的形势要求。尊重和保障人权是我国宪法确立的一项重要原则,这一原则在 2012 年刑事诉讼法修改过程中得到了较好的体现和强化,不仅把尊重和保障人权明确写入刑事诉讼法总则,同时通过完善证据、辩护、侦查和强制措施、审判程序等具体制度进一步加强了司法人权的实际保障。未成年人刑事案件诉讼程序的设立,是刑事诉讼法加强司法人权保护的重要体现和具体化,当然也是此次刑事诉讼法修改的一个亮点,对司法机关彰显司法人权,树立司法形象,提升司法公信力具有重要意义。

  此外,我国未成年人司法工作取得的诸多成果,也为设立未成年人刑事案件诉讼程序提供了必备条件。

---

[*] 最高人民法院研究室少年法庭工作办公室主任。

一是特殊、优先保护的理念渐入人心。20世纪80年代以来，我国未成年人司法工作取得长足进步。以人民法院的少年法庭工作为例，在机构建设、人员配备、制度完善、执法办案等各个方面都有了很大发展，尤其在教育、感化、挽救失足未成年人工作方面取得了实实在在的法律效果和社会效果，未成年人司法工作成为人民司法工作中的亮点。在诸多成绩的鼓舞和带动下，对未成年人给予特殊、优先保护的理念也渐入人心，逐渐被社会各界所接受和认可。1991年12月29日第七届全国人民代表大会常务委员会批准了联合国大会通过的《儿童权利公约》，该公约"序言"中提到：儿童因身心尚未成熟，在其出生以前和以后均需要特殊的保护和照料，包括法律上的适当保护。这是我国最高立法机关首次以公约的形式肯定和认可对未成年人予以特殊保护的做法。2006年12月29日第十届全国人民代表大会常务委员会第25次会议修订了《未成年人保护法》，其第3条规定：未成年人享有生存权、发展权、受保护权、参与权等权利，国家根据未成年人身心发展特点给予特殊、优先保护，保障未成年人的合法权益不受侵犯。该规定在我国未成年人司法领域正式确立了特殊、优先保护的司法理念。

二是特色工作制度机制成熟有效。近30年来，司法机关在开展未成年人司法保护工作方面成效显著，探索出了一系列行之有效的特色工作制度和机制，比如社会调查、合适成年人、圆桌审判、分案审理、附条件不起诉、前科封存、"政法一条龙"、"社会一条龙"等。这些工作制度和机制的实行，使我国未成年人犯罪趋势发生了明显变化。未成年人犯罪发案先扬后抑，已出现下降的趋势。据统计，1984年至2008年间，我国未成年人犯罪人数年均上升4.22%，其中，从2000年起未成年罪犯人数开始较快增长，从2000年的41708人增至2008年的88914人，逐年递增9.92%。但2009年至2012年，未成年人罪犯人数连续四年呈下降趋势，分别为77604人、68193人、67280人、63782人，同比下降12.7%、12.13%、1.34%和5.20%，而同期全部刑事案件罪犯同比平均上升了4.40%。2002年至2012年，未成年罪犯重新犯罪率始终保持在1%至3%之间，与全部罪犯的重新犯罪率相比，未成年罪犯的重新犯罪率仍处于较低水平。这些情况表明我国司法机关在少年司法领域推行的特色制度、机制发挥了很大作用，在预防、减少未成年人犯罪方面成效明显。同时也说明我国司法机关在长期的未成年人司法实践中工作思路正确，方法得当，实行的工作制度、机制成熟有效，可以通过基本法律的形式将其固定下来。

三是重要领导的直接关注与推动。除了以上两方面原因外，还有一个重要原因，就是中央领导同志对未成年人司法工作的关注。2010年7月23日周永康同志在中央统战部《关于转呈蒋树声、张梅颖同志〈关于建设和完善未成年人涉罪司法体系的建议〉的函》上批示，要求中央政法委召集有关方面开会，认真研究蒋树声、张梅颖同志提出的建议，尤其是明确要求，已列入改革项目的要加快进度，未列入的要研究列入。蒋树声、张梅颖二位同志是民盟中央的主席和副主席，他们提出的建议可以归纳总结为以下四点：一是尽快完善针对涉罪未成年人的法律，建立区别于成年人的未成年人司法制度，修订刑事诉讼法，将有关未成年人刑事司法的规定从现有的法律中独立出来，单设未成年人刑事司法专章；二是完善涉罪未成年人的矫治制度，形成罪前预防、罪中处理、罪后安置的连贯体系；三是加快专门机构建设，保障一定的专职、专业人员；四是完善刑事司法分流措施，健全非审判处置方式，有条件地将涉罪不深、确有悔改之意的未成年人从刑事司法程序中分流到社区、家庭和学校进行矫治，有效预防涉罪未成年人重新犯罪。根据周永康同志的批示，中央政法委于2010年9月28日召开了由全国人大内司委、法工委、公、检、法、司以及国务院法制办、共青团中央等部门参加的座谈会，研究建设和完善未成年人涉罪司法体系相关问题。座谈的结果是，一致同意设立未成年人刑事案件特别程序。

二、未成年人刑事案件诉讼程序的立法内容

未成年人刑事案件诉讼程序的立法来源主要有以下几方面：一是涉少司法实践中的成熟经验和做法；二是国外先进的立法经验和司法成果；三是我国参加的国际条约中的有关规定。

（一）规定方针、原则及要求

刑事诉讼法第二百六十六条规定，对犯罪的未成年人实行教育、感化、挽救的方针，坚持教育为主、惩罚为辅的原则。

对犯罪的未成年人实行教育、感化、挽救的方针，坚持教育为辅的原则，在相关法律中已有规定，比如未成年人保护法第五十四条规定：对违法犯罪的未成年人，实行教育、感化、挽救的方针，坚持教育为

主、惩罚为辅的原则。预防未成年人犯罪法第四十四条：对犯罪的未成年人追究刑事责任，实行教育、感化、挽救方针，坚持教育为主、惩罚为辅的原则。但在刑事诉讼法中做出明确规定，仍具有重要意义。

其一，虽然未成年人保护法和预防未成年人犯罪法对上述方针、原则已经作过规定，但是以上两法只是宣示性的，缺乏具体的可操作性，对未成年人刑事案件的司法实践的影响相对较小，有些司法工作人员对未成年人保护法、预防未成年人犯罪法在基本法律层面对以上方针、原则已作出过规定不甚了解，甚至认为上述方针、原则只是一项刑事政策，并不具有法律的强制性，这正说明在实践性很强的刑事诉讼法中予以重申很有必要。

其二，实践中，虽然大多数司法工作人员对上述方针、原则有了解，但没有入脑、入心，在办理未成年人刑事案件时，仍然按照成年人刑事案件的处置方式来办理，说明在思想深处还有疑惑和动摇，可以通过上述方针、原则的规定统一思想。

其三，在办理未成年人刑事案件时，必须要有一个既能体现尊重和保障人权思想，又能体现少年司法特殊性并具体指导办案的方针和原则统领全节。以上方针、原则已经实践检验，具有科学性和可行性。在讨论这一方针和原则时，也有一些少年法庭的法官认为可以将"特殊、优先"保护写入原则中，但考虑到特殊、优先保护原则并不是只针对未成年人刑事案件的，针对性不够，而且，特殊、优先保护的法律概念不是很清晰，还没有形成一个完整的理论框架，因此我们没有向全国人大法工委提出此项立法建议。虽然没有作为一项原则予以确立，但这一理念融会贯通在了具体条款当中，并在随后发布的司法解释中明确规定，要加强对未成年人的特殊保护。

人民法院、人民检察院和公安机关办理未成年人刑事案件，应当保障未成年人行使其诉讼权利，保障未成年人得到法律帮助，并由熟悉未成年人身心特点的审判人员、检察人员、侦查人员承办。

这是对公、检、法办理未成年人刑事案件提出的总要求，其中的亮点是明确提出了未成年人刑事案件应当由熟悉未成年人身心特点的审判人员、检察人员、侦查人员承办。有学者认为，该条明确规定了"办案人员专业化"，并不准确。因为真正实现未成年人案件办案人员专业化，不仅要求办案人员要熟悉未成年人身心特点，而且还要具备民事、刑事等专业知识以及教育学、心理学、伦理学等方面的知识，要经过专门的培训，要有遴选机制等,但上述规定还达不到这方面的要求。在刑事诉讼法修改过程中,有法官提出要实现办案人员专业化,应当先规定设立专门机构和专门人员的条款的建议,没有被采纳,理由是机构和人员问题应该在组织法中规定。不管如何,立法机关在办理未成年人刑事案件的司法人员的资格上作出明确规定,虽然不够全面,但也是一个大大的进步。

(二) 扩大法律援助范围,改变法律援助主体

刑事诉讼法第二百六十七条规定,未成年犯罪嫌疑人、被告人没有委托辩护人的,人民法院、人民检察院、公安机关应当通知法律援助机构指派律师为其提供辩护。

与1996年刑事诉讼法相比,新修订的刑事诉讼法有两个方面的变化:一是扩大了法律援助的范围。新刑事诉讼法将法律援助从审判阶段向前延伸至侦查阶段,将义务机关从人民法院扩大到公、检、法机关。这里需要廓清"辩护"这一法律概念,1979年刑事诉讼法规定,享有辩护权只是被告人,辩护是指在法院审理案件时被告人为自己申辩或他人替自己申辩,这里替自己申辩的人就叫辩护人,而在法院审理阶段之前是不能委托辩护人的。1996年刑事诉讼法将辩护向前作了延伸,规定:犯罪嫌疑人在公诉案件审查起诉阶段有权委托辩护人。新修订的刑事诉讼法将辩护进一步向前延伸,规定:犯罪嫌疑人自被侦查机关第一次讯问或者采取强制措施之日起,有权委托辩护人。也就是说,辩护从原来只存在于法院审理阶段逐步延伸至检察、侦查阶段。随着辩护内涵的变化,对未成年人进行法律援助的范围也由法院审判阶段延伸至案件侦查、审查起诉阶段,将提供法律援助的义务机关从法院扩大到公安机关和检察机关。二是改变法律援助主体。将承担法律援助的主体从"承担法律援助义务的律师"变为"法律援助机构",由法律援助机构指派律师提供辩护,从原来人民法院直接和承担法律援助义务的律师直接联系,转变为公、检、法机关和法律援助机构建立联系,这样的规定更加严谨、规范,也尽可能减少法官和辩护律师之间的私下接触。

不管是1996年刑事诉讼法,还是新修订的刑事诉讼法,对未成年人没有委托辩护人的,实行强制辩护。也就是说,不管未成年人及其法定代理人是否同意,都要法律援助机构派出律师给其提供辩护,之所以这样规定,是考虑到未成年人的特殊性,考虑到未成年人年龄、智力发育的限制,避免未

成年人对控辩双方争议的内容理解不透，不知如何行使诉讼权利，如果有辩护人参与，就能为其提供必要法律服务，有效保护其合法权益。此外，有一个问题需要大家思考，新刑事诉讼法规定，未成年犯罪嫌疑人、被告人没有委托辩护人的，公、检、法机关应当通知法律援助机构指派律师提供辩护。如果公安机关和检察机关没有通知法律援助机构指派律师提供辩护，应当如何处理？笔者个人认为，对刑事诉讼法中的"应当型"的程序规定，必须高标准、严要求。对公安机关没有通知辩护的，检察机关不得审查起诉。对公安机关、检察机关没有通知辩护，而检察机关向人民法院提起诉讼的，人民法院在证据审查上可以作出不利于检察机关的司法判定，必要时可以退还补充侦查。另外，未成年被告人或其法定代理人当庭拒绝法律援助机构指派的律师进行辩护的，法庭应当允许。如果还有其他律师为其提供辩护，庭审可以继续进行。如果没有辩护人，应当宣布休庭，由法律援助机构另行指派律师为其辩护。重新开庭后，被告人或其法定代理人再次当庭拒绝指派的律师辩护的，不予准许。重新开庭时被告人已满18周岁的，可以准许，但不得另行委托辩护或要求另行指派律师，由其自行辩护。

（三）规定社会调查

刑事诉讼法第二百六十八条规定，公安机关、人民检察院、人民法院办理未成年人刑事案件，根据情况可以对未成年犯罪嫌疑人、被告人的成长经历、犯罪原因、监护教育等情况进行调查。

该条规定了公、检、法在办理未成年人刑事案件时，可以对未成年人的个人情况进行调查，也就是社会调查。在全国人大法工委提供的最初讨论稿以及向社会公布的征求意见稿中都没有社会调查的规定，这一条是最高人民法院多次与全国人大法工委沟通、协调，并陈述我们的理由以后加上去的，为什么要加上社会调查这一条款呢？我们的理由主要有三点：一是国际公约有规定。1985年11月29日联合国第96次全体会议通过《联合国少年司法最低限度标准规则》（又称《北京规则》），其第16条规定："所有案件除涉及轻微违法行为的案件外，在主管当局作出判决的最后处置之前，应对少年生活的背景和环境或犯罪的条件进行适当的调查，以便主管当局对案件作出明智的审判。"我国是缔约国，我们应当履行国际义务。二是国际惯例。社会调查是许多国家办理未成年人刑事案件的惯例，比如美国、英国、德国、日本等。三是实践效果好。早在2001年11月15日最高人民法院就出台了《关于审理未成年人刑事案件的若干规定》，从制度上确立了社会调查制度。其第二十一条规定："开庭审理前，控辩双方可以分别就未成年被告人性格特点、家庭情况、社会交往、成长经历以及实施被指控的犯罪前后的表现等情况进行调查，并制作书面材料提交合议庭。必要时，人民法院也可以委托有关社会团体组织就上述情况进行调查或者自行进行调查。"最高人民法院2010年7月出台的《关于进一步加强少年法庭工作的意见》也充分肯定了社会调查制度的作用，并要求各地法院结合本地情况试行该项制度。从实践中看，全国很多法院在办理未成年人刑事案件时均已实行社会调查制度，积累了许多宝贵的经验和做法，并已制度化、规范化，总体效果很好。但是，人大法工委一开始并没有完全接受最高人民法院的意见，只是规定：法庭调查要对未成年人的成长情况、犯罪原因等状况进行了解。经研究，我们认为，法工委所拟方案虽然规定了法庭调查要对未成年人的成长情况、犯罪原因等状况进行了解，但法庭调查不同于社会调查，法庭调查是庭审程序，社会调查是审前程序，社会调查是为了保证法庭调查的客观公正而开展的不同于成年人的特别程序，并建议刑事诉讼法修改草案对该项制度作出更加明确的规定。经过多次讨论，人大法工委最后采纳了我们的意见。在采纳意见时，打了一点折扣，将我们建议中的"应当"改成了"可以"。

虽然刑事诉讼法规定公、检、法机关在办理未成年人刑事案件时可以进行社会调查，但是由谁调查、怎样调查、调查的适用对象、调查结论的法律定位均没有作明确规定，这是公、检、法机关下一步开展相关工作时需要解决的问题。对这些问题，笔者在这里作一个粗略的介绍。

首先是社会调查的主体问题。新刑事诉讼法规定公、检、法机关办理未成年人刑事案件，根据情况可以对未成年犯罪嫌疑人、被告人的成长经历、犯罪原因、监护教育等情况进行调查。从字面意思看，是公、检、法机关自行调查，其实不然，如果由公、检、法机关自行调查，负面效应很多：一是在案多人少的情况下，可以调查可能会变成不调查；二是可能会出现各自调查，重复调查，调查结论不一致；三是人民法院调查可能涉嫌违法。根据最高人民法院2001年出台的《关于审理未成年人刑事案件的若干规定》的规定，社会调查主体包括控辩双方、人民法院以及人民法院委托的有关社会团体。但就全国来说，各地的做法不一，社会调查人员既有司法行政人员、律师、社区矫正人员、法官和检察官,也有相关未成年人保护组织的工作人员。从工作开展的规范性和统一性来讲,社会调查的主体应当统一,不能由不同的部门或者组织来承担,因为不同部门所处的位置和职业要求不同,其出具的社会调查报告在调查内容、倾向、主观判断、客观描述等方面均会有所不同,比如,公安机关出具的社会调查报告与未成人保护组织出具的社会调查报告肯定是不同的。因为两部门的侧重点不同,公安机关侧重于保护社会,而未成人保护组织侧重于保护未成年人。2010年8月,中央综治委、最高人民法院、最高人民检察院、公安部、司法部、团中央会签出台《关于进一步建立和完善办理未成年人刑事案件配套工作体系的若干意见》,将社会调查主体确定为社区矫正机构。但是,从目前情况看,社区矫正机构在全国全面铺开还需要一段时间,在没有设立社区矫正机构的偏远地区,公、检、法机关可以暂时委托其他未成年人保护组织来做,需要自行调查的可以自行调查。

其次是社会调查的适用对象问题。社会调查适用哪些群体,从各地法院开展情况看,社会调查适用的对象具有一定的选择性,法院开展社会调查工作的对象主要限于本地户籍的未成年人,对外地户籍的未成年人则适用较少,主要原因在于,对外地户籍的未成年人的社会调查工作需要投入更多的人力、物力和时间,当前还没有社会调查异地之间的委托协助机制。对这个问题各地司法机关需要进一步研究。

再次是社会调查的工作程序问题。目前,开展社会调查工作的主要是法院,各地法院开展社会调查的工作程序很不规范,社会调查的内容、步骤以及文书格式各不相同。在调查方式上,有实地走访的,有发信函的,还有打电话的;在调查文书样式上,有采用日常公文报告样式的,有采用调查表格或调查笔录样式的;在调查内容上,一般是围绕未成年人的性格特点、文化程度、家庭环境、成长经历、社会交往及实施被指控犯罪前后表现等情况展开,但也有的还纳入了心理评估、非羁押措施风险评估等内容,还有的就如何量刑、如何帮教提出具体建议,等等。既然刑事诉讼法规定了社会调查制度,各地有必要对社会调查的工作程序进行统一规定,否则会影响调查结果的准确性。

最后是社会调查报告的诉讼角色问题。在未成年人刑事案件中,社会调查报告具有何种功能,是否属于证据以及应否质证一直存有争议。有人认为社会调查报告不属于证据，不具有证据的功能，只是量刑的参考因素，不宜在庭审中进行质证，也有人认为社会调查报告是否属于证据，关键是看取证主体是谁，除了享有刑事取证权的有审判人员、检察人员、侦查人员和辩护律师外，其他人提供的社会调查报告不应被看做合法的证据。既然不是证据，当然就不需要质证。也有人认为，社会调查报告不管是由谁提供，都属于证据，均应质证。笔者认为社会调查报告应该属于证据，可以归于书证一类。新刑事诉讼法第193条规定：法庭审理过程中，对与定罪、量刑有关的事实、证据都应当进行调查、辩论。社会调查报告无疑会影响法庭对未成年被告人的量刑，可以看做是一种量刑证据，一般应当进行质证。

（四）规定限制逮捕及分别处理

刑事诉讼法第二百六十九条规定，对未成年犯罪嫌疑人、被告人应当严格限制适用逮捕措施。人民检察院审查批准逮捕和人民法院决定逮捕，应当讯问未成年犯罪嫌疑人、被告人，听取辩护律师的意见。

对被拘留、逮捕和执行刑罚的未成年人与成年人应当分别关押、分别管理、分别教育。

本条规定了严格限制逮捕和分别处理两方面内容。对未成年犯罪嫌疑人、被告人严格限制逮捕措施并不是我国立法新的创举，我国加入的国际公约早有规定，比如，《联合国少年司法最低限度标准规则》第13条规定：审前拘留应仅作为万不得已的手段使用，而且时间应尽可能短；如有可能，应采取其他替代办法，诸如密切监视、加强看管或安置在一个家庭或一个教育机构或环境内。《联合国儿童权利公约》第37条规定：不得非法或任意剥夺任何儿童的自由。对儿童的逮捕、拘留或监禁应符合法律规定并仅应作为最后手段，期限应为最短的适当时间。刑事诉讼法设立对未成年人严格限制逮捕措施的规定，说明了我国立法与国际公约开始主动接轨，也反映和体现了我国立法机关的信心。这里有一个需要把握的问题，严格限制逮捕不是禁止逮捕，对取保候审、监视居住等非羁押性措施不足以预防未成年犯罪嫌疑人、被告人危害社会，或者有可能逃跑使案件审理无法继续的，经过讯问未成年犯罪嫌疑人、被告人，并听取辩护律师的意见，可以适用逮捕措施。逮捕措施必须是在万不得已的情况下适用，可捕可不捕的一定不捕。关于听取辩护律师的意见，也是为了了解哪种羁押性措施对未成年人更加有利。如果律师提出反对逮捕的意见，公、检、法机关如何处理呢？笔者个人认为，听取律师的意见作为一个法定程序，也凸显了律师在这一环节中的重要性，因此听取律师的意见不能"走过场"，但也不是完全按律师的意见来办，这里就存在一个对律师意见的合理性、合法性审查的问题，总之，要参考律师的意见，综合衡量是否适用逮捕措施。

关于分别处理的规定，有学者认为是分案处理，这是不准确的。因为分别处理是就未成年人与成年人而言的，分案处理是普通刑事案件和未成年人刑事案件而言的，两者的区别在于，分别处理只分人不分案，分案处理既分人又分案。分别处理的规定也并非这次立法的创新，它来源于《预防未成年人犯罪法》第四十六条的规定，属于原文照搬。最高人民法院曾在立法建议中提出，将分案起诉、分案审理也一并规定，理由是：（1）避免交叉感染。成年犯和未成年犯在同一案件中合并审理，往往对未成年犯起到了传授犯罪方法的隐形作用；（2）能够解决公开审理与不公开审理的冲突。比如，在一件刑事案件中，既有成年犯又有未成年犯，如果按照成人普通程序应当公开审理，但这样就与未成年人案件不公开审理的原则相冲突，很难体现法律保护未成人合法权益的方针政策，分案审理是实现未成年人刑事案件审判目的的必然途径；（3）检察机关已有分案起诉的规定。最高人民检察院早在2006年12月出台的《办理未成年人刑事案件的规定》中就有规定，该《规定》第23条规定："人民检察院审查未成年人与成年人共同犯罪案件，一般应当将未成年人与成年人分案起诉。但是具有下列情形之一的，可以不分案起诉：（一）未成年人系犯罪集团的组织者或者其他共同犯罪中的主犯；（二）案件重大、疑难、复杂，分案起诉可能妨碍案件审理的；（三）涉及刑事附带民事诉讼，分案起诉妨碍民事诉讼部分审理的；（四）具有其他不宜分案起诉情形的"；（4）有利于对未成年犯开展法庭教育活动。但全国人大法工委没有采纳我们的建议，认为如果实行分案起诉、分案审理将会在物质、人员方面增加更多的负累。但司法实践已经走在了立法的前面。人民法院在分案审理方面也在不断创新举措，积累更多的经验。

（五）规定合适成年人到场

刑事诉讼法第二百七十条规定，对于未成年人刑事案件，在讯问和审判的时候，应当通知未成年犯罪嫌疑人、被告人的法定代理人到场。无法通知、法定代理人不能到场或者法定代理人是共犯的，也可以通知未成年犯罪嫌疑人、被告人的其他成年亲属，所在学校、单位、居住地基层组织或者未成年人保护组织的代表到场，并将有关情况记录在案。到场的法定代理人可以代为行使未成年犯罪嫌疑人、被告人的诉讼权利。

到场的法定代理人或者其他人员认为办案人员在讯问、审判中侵犯未成年人合法权益的，可以提出意见。讯问笔录、法庭笔录应当交给到场的法定代理人或者其他人员阅读或者向他宣读。

讯问女性未成年犯罪嫌疑人，应当有女工作人员在场。

审判未成年人刑事案件，未成年被告人最后陈述后，其法定代理人可以进行补充陈述。

询问未成年被害人、证人，适用第一款、第二款、第三款的规定。

本条确立了合适成年人制度。虽然我国法律中没有这一用语，但各地的司法实践已经作出积极的探索。合适成年人源自英国《1984年警察与刑事证据法》，也有的译成"适当成年人"，该制度规定未成年犯罪嫌疑人、被告人在讯问、审判程序中享有的应当有合适的成年人参与的权利。合适成年人在讯问、审判过程中发挥"见证、沟通、抚慰、监督"的作用。见证主要是对司法机构的讯问、审判过程作证，比如有没有刑讯逼供，有没有违反程序等，换句话说，合适成年人不仅起到保护未成年人的作用，当公众对讯问、审判过程产生质疑时，合适成年人也为司法机关作证，客观上也起到了保护司法机关的作用。沟通主要因为未成年人心智发展不够成熟，对法律的理解和认知、对客观事物的判断以及言语表达等方面的能力和成年人相比存在一定的局限性，在刑事诉讼中难以充分行使其诉讼权利，有了合适成年人，就可以在未成年人和司法机关之间搭建起沟通的桥梁，有利于保障未成年人的合法权益。抚慰是指当未成年犯罪嫌疑人、被告人情绪紧张、恐惧时，由合适成年人对未成年人进行安抚，避免因恐惧情绪而引起未成年人与司法机关的对抗。监督是指合适成年人对司法机关的执法过程进行监督，防止在诉讼活动中由于司法机关的违法行为对未成年人合法权益造成侵害。监督也有见证作用，但立足点和出发点和见证不同。近年来，我国有些地方司法机关在合适成年人制度的探索改革方面卓有成效。比如上海，2010年4月，上海高院联合公安、检察、司法行政部门共同发布了《关于合适成年人参与刑事诉讼的规定》，开始在上海全市推行这项制度。目前，上海市已有数百名合适成年人,其中大多为专业社工、共青团干部、青保干部以及教师等,取得了良好的法律效果与社会效果。

有关合适成年人的内容,在1996年刑事诉讼法中没有规定,此次刑事诉讼法修改作出规定,既是汲取西方发达国家的先进法治经验,也是对该项制度在我国司法实践效果的肯定。虽然从制度上讲不是创新,但在理念上却是一个很大的进步。理解本条的规定,必须要弄清楚以下几个方面的问题:

一是合适成年人的人员范围,即合适成年人包括哪些人。首先,合适成年人不包括法定代理人,新刑事诉讼法规定的合适成年人包括未成年犯罪嫌疑人、被告人的其他成年亲属,所在学校、单位、居住地基层组织或者未成年人保护组织的代表。合适成年人是法定代理人之外的相关人员。

二是合适成年人到场的条件,即合适成年人在什么情况下到场。新刑事诉讼法规定的条件是"无法通知、法定代理人不能到场或者法定代理人是共犯的",无法通知是指找不到法定代理人联系方式,也不知法定代理人的居住地,与法定代理人无法建立起有效的信息沟通渠道。法定代理人不能到场是指经过沟通联系,法定代理人因为某种特定事由不能到场,比如出国打工或者身患重病等,不能到场是客观原因不能到场,法定代理人不愿到场不属于法定代理人不能到场。对法定代理人不愿到场如何处理呢?笔者认为,对法定代理人签收出庭通知后不愿到场的,从保护未成年人合法权益的角度考虑,司法机关可以通知合适成年人到场,这是符合立法精神的。法定代理人是共犯的情况主要指法定代理人与未成年人共同犯罪,比如父母子女、祖孙、兄弟、姐弟等,这里的法定代理人多指自然人而非单位。在未成年人刑事案件中,如果有法定代理人到场,还有没有必要通知合适成年人到场呢?对公、检两家来说,当然没有必要,但对于人民法院来说,在庭审过程中需要进行法庭教育,有无必要通知法定代理人之外的合适成年人到场还要视情况而定。

三是合适成年人的地位、权利、义务,即合适成年人在未成年人刑事案件办理过程中是一个什么样的角色,他享有哪些权利,应当履行哪些义务。遗憾的是,刑事诉讼法并没有对这个问题作出明确的规定,这也让合适成年人在法律上处于一个非常尴尬的地位,它不属于新刑事诉讼法第一百零六条规定的当事人、法定代理人、诉讼代理人,也不是诉讼参与人,它属于第二百七十条规定的"其他人员"。确切地说,合适成年人在法律上享有的权利非常有限，仅仅是"认为办案人员在讯问、审判中侵犯未成年人合法权益的，可以提出意见"，不能代为行使未成年犯罪嫌疑人、被告人的诉讼权利，比如说代为申请回避、控告、申诉、补充陈述等。新刑事诉讼法第二百七十条规定"讯问笔录、法庭笔录应当交给到场的法定代理人或者其他人员阅读或者向他宣读"，从以上规定可以看出，合适成年人对讯问和审判有权进行监督和见证，至于合适成年人能否从中沟通、对未成年人进行抚慰没有规定，显然这是不全面的，最高人民法院发布的司法解释对此作了扩大解释："除依法行使刑事诉讼法第二百七十条第二款规定的权利外，经法庭同意，可以发表意见，并可以参与对未成年被告人的法庭教育以及和解工作，其他成年亲属还可以参与附带民事诉讼调解工作。"该解释作了两点重要补充，即合适成年人除了对侵犯未成年人合法权益的情况提出意见，见证讯问、庭审过程两方面的权利外，还可以在庭审中发表意见，参与法庭教育以及和解工作。

四是合适成年人的适用范围。依照新刑事诉讼法第二百七十条的规定，询问未成年被害人、证人，在法定代理人没有到场的情况下，也可以通知合适成年人到场。这说明，合适成年人制度不仅适用于未成年人刑事案件，也适用于有未成年被害人、证人的普通刑事案件，其目的也是为了更好地保护未成年人。

此外，有一个问题需要大家特别注意，就是新刑事诉讼法对通知法定代理人到场作了硬性的规定，是"应当通知"，而1996年刑事诉讼法规定是"可以通知"。为什么现在要规定"应当通知"呢？主要是解决法定代理人到场率偏低的问题，就人民法院来说，有些地方法定代理人出庭率还不到50％。法定代理人不出庭，有很多不利因素：一是不利于对未成年被告人的法庭教育和判后帮教；二是不利于维护未成年被告人的合法权益，即使是合适成年人，也不能代为申请回避、上诉、申诉等权利；三是无法落实附带民事诉讼的赔偿责任。当然，法定代理人到场率偏低也和过去司法机关对"可以通知"的规定执行得不到位有关，"可以通知"常常变成了"不通知"。另外，2006年修订的未成年人保护法第五十六规定：公安机关、人民检察院讯问未成年犯罪嫌疑人，询问未成年证人、被害人，应当通知监护人到场。根据民法通则的规定，未成年人的监护人就是他的法定代理人，那么对未成年人法定代理人的到场是"可以通知"还是"应当通知"，在实践中就产生了争议。这次刑事诉讼法修改，作了统一规定，消除了立法冲突。

从整体上看，本条规定稍显粗糙，尤其是没有明确规定合适成年人的法律地位、权利、义务等内容，给人感觉是可有可无，实际作用不大，其重要意义在于理念层面而不在技术层面。

（六）规定附条件不起诉

刑事诉讼法第二百七十一条规定，对于未成年人涉嫌刑法分则第四章、第五章、第六章规定的犯罪，可能判处一年有期徒刑以下刑罚，符合起诉条件，但有悔罪表现的，人民检察院可以作出附条件不起诉的决定。人民检察院在作出附条件不起诉的决定以前，应当听取公安机关、被害人的意见。

对附条件不起诉的决定，公安机关要求复议、提请复核或者被害人申诉的，适用本法第一百七十五条、第一百七十六条的规定。

未成年犯罪嫌疑人及其法定代理人对人民检察院决定附条件不起诉有异议的，人民检察院应当作出起诉的决定。

本条规定了附条件不起诉制度。在刑事诉讼法中规定附条件不起诉制度，既是落实2008年中央确定的司改任务，也是回应民盟中央领导的有关建议。因为在2008年中央政法委《关于深化司法体制和工作机制改革若干问题的意见》中，明确提出要探索设立附条件不起诉制度，民盟中央领导也在其建议中提出将部分涉罪不深的未成年人从刑事诉讼程序中分流出来，因此在全国人大法工委前期准备工作的情况汇报中，就已决定将该项制度落实到立法当中去，所以在短短的11条中，该制度就占了3条，可见其在此次立法当中的重要位置。

理解附条件不起诉制度，必须要和不起诉制度予以区分。所谓不起诉是指检察机关对符合刑事诉讼法第十五条规定的不起诉条件或者没有犯罪事实的犯罪嫌疑人不移交法院审判的处理决定。而附条件不起诉是指检察机关对涉嫌刑法分则第四章、第五章、第六章规定的犯罪，可能判处1年有期徒刑以下刑罚，符合起诉条件，但有悔罪表现的未成年人，在一定条件和期限内暂不起诉并进行考察，考察期满没有违反考察条件的，依法作出不起诉的决定。附条件不起诉不是不起诉的前置程序，也不是对所有人、所有案件都可以实行的程序。附条件不起诉的对象只能是未成年犯罪嫌疑人，适用的罪名只能是刑法分则第四章、第五章、第六章规定侵犯公民人身权利、民主权利，侵犯财产以及妨害社会管理秩序的犯罪。最高人民法院曾在2008年对我国未成年人犯罪总体情况作了一个专项调研，调研表明，自1984年以来，占据未成年人犯罪中前几位的罪名按比例大小依次排列为盗窃罪、抢劫罪、故意伤害罪、强奸罪、流氓罪或寻衅滋事罪，犯这五种罪名的未成年罪犯共占全部未成年罪犯的89.7%，反映出未成年人犯罪类型的高度集中，附条件不起诉适用于上述三章犯罪，囊括了绝大多数未成年犯罪嫌疑人。附条件不起诉适用的刑期只能是可能判处1年有期徒刑以下的刑罚，包括一年以下有期徒刑、拘役、管制、单处罚金。全国人大法工委最初的讨论稿中，附条件不起诉适用的刑期是3年有期徒刑以下刑罚，考虑到实践中一些犯罪性质较为严重的未成年人经过从轻或减轻处罚以后，刑期也可能在3年以下，对这部分未成年人实行附条件不起诉，显然失之过宽，最后确定为1年有期徒刑以下刑罚，反映了附条件不起诉只适用于犯罪情节较轻的未成年人。当然，如果未成年人犯罪情节轻微，依照刑法规定不需要判处刑罚或者免除刑罚的，人民检察院可以直接作出不起诉的决定。人民检察院在作出附条件不起诉决定前，依法要听取公安机关、被害人的意见。如果公安机关、被害人反对附条件不起诉，而人民检察院坚持附条件不起诉的，公安机关可以要求检察机关复议或者向上一级检察机关提请复核。被害人可以向上一级人民检察院申诉，请求提起公诉，也可以直接向人民法院起诉。这里所指的起诉，不是起诉检察机关，而是起诉犯罪嫌疑人。未成年犯罪嫌疑人及其法定代理人对人民检察院决定附条件不起诉有异议的，人民检察院应当作出起诉决定。附条件不起诉从本质上讲，是有罪但罪行较轻，实践中，也有些犯罪嫌疑人及其法定代理人坚持自己无罪，对附条件不起诉不认可，人民检察院必须作出起诉决定。对未成年惯犯能否附条件不起诉，学界曾有争议，依照新刑事诉讼法规定，对符合条件的未成年惯犯，只要在决定附条件不起诉之前受到追诉的，刑罚已经执行完毕的，也可以附条件不起诉，但服刑期间又犯可能判处一年有期徒刑以下刑罚的新罪，不适用附条件不起诉，应当和原犯罪未执行完毕的刑期依照刑法第七十一条的规定数罪并罚。

刑事诉讼法第二百七十二条规定，在附条件不起诉的考验期内，由人民检察院对被附条件不起诉的未成年犯罪嫌疑人进行监督考察。未成年犯罪嫌疑人的监护人，应当对未成年犯罪嫌疑人加强管教，配合人民检察院做好监督考察工作。

附条件不起诉的考验期为六个月以上一年以下，从人民检察院作出附条件不起诉的决定之日起计算。

被附条件不起诉的未成年犯罪嫌疑人，应当遵守下列规定：（一）遵守法律法规，服从监督；（二）按照考察机关的规定报告自己的活动情况；（三）离开所居住的市、县或者迁居，应当报经考察机关批准；（四）按照考察机关的要求接受矫治和教育。

本条规定了监督考察的主体、考察期限以及被附条件不起诉的未成年犯罪嫌疑人在考验期内应当遵守的规定。监督考察的主体是人民检察院，一般来说，谁作出附条件不起诉的决定，就由谁来监督考察，如果未成年人因特定事由，比如上学、治病、迁居等确需离开所居住的市、县，应由谁来考察，法律没有作出明确规定，这需要检察系统内部的协调与配合，建立异地监督考察机制。另外，被附条件不起诉的未成年犯罪嫌疑人还要接受一系列的矫治和教育，比如完成戒瘾治疗、心理辅导或者其他适当的处遇措施、接受相关教育等。

刑事诉讼法第二百七十三条规定，被附条件不起诉的未成年犯罪嫌疑人，在考验期内有下列情形之一的，人民检察院应当撤销附条件不起诉的决定，提起公诉：（一）实施新的犯罪或者发现决定附条件不起诉以前还有其他犯罪需要追诉的；（二）违反治安管理规定或者考察机关有关附条件不起诉的监督管理规定，情节严重的；被附条件不起诉的未成年犯罪嫌疑人，在考验期内没有上述情形，考验期满的，人民检察院应当作出不起诉的决定。

本条规定了撤销附条件不起诉与作出不起诉决定的条件。撤销附条件不起诉的条件，一是实施新罪或者发现需要追诉的旧罪，对实施的新罪和发现需要追诉的旧罪，不论是故意犯罪还是过失犯罪，不论是重罪还是轻罪，一律撤销。二是违反治安管理规定或者考察机关有关附条件不起诉的监督管理规定，这里有情节严重的限制，但何谓情节严重，需要检察机关自行考量。如果在考验期内没有出现撤销的情形，人民检察院应当作出不起诉的决定。对附条件不起诉考察期满作出不起诉决定的未成年人，检察机关还有无必要依照刑事诉讼法第一百七十三条的规定将其移送有关主管机关接受行政处罚或者行政处分，法律没有明确规定，笔者个人认为，没有必要，因为附条件不起诉有6个月到1年不等的考验期，在考验期内未成年人的人身自由受到一定程度的限制，而且还要按照考察机关的要求接受矫治和教育，从本质上讲，这也是一种惩戒性质的措施。如果对考察期满并作出不起诉决定的未成年人，再由检察机关移送有关主管机关施以行政处罚或行政处分，不利于未成年人回归社会。当然，未成年犯罪嫌疑人的违法所得应依法予以没收。

（七）不公开审理

刑事诉讼法第二百七十四条规定，审判的时候被告人不满十八周岁的案件，不公开审理。但是，经未成年被告人及其法定代理人同意，未成年被告人所在学校和未成年人保护组织可以派代表到场。

本条规定了不公开审理制度。1996年刑事诉讼法第一百五十二条第二款规定："十四岁以上不满十六岁未成年人犯罪的案件，一律不公开审理。十六岁以上不满十八岁未成年人犯罪的案件，一般也不公开审理。"最高人民法院2001年出台的司法解释对公开审理未成年人刑事案件设定了条件，规定如果有必要公开审理的，必须经过本院院长批准，并且适当限制旁听人数和范围。这次修法过程中，有些法官认为，对未成年人刑事案件一律不公开审理不合理，应当开一个口子。理由是：随着经济社会的发展，我国未成年人犯罪不再是"小儿科"，呈现出成人化、规模化特征，暴力犯罪、智力犯罪、团伙犯罪增多，涉及罪名不断扩展，作案方式日趋隐蔽，犯罪后果愈发严重。对一些社会影响恶劣、危害性极大的16周岁以上的未成年人犯罪案件，从维护社会安全的角度考虑，社会应当有必要的知情权，同时认为，西方发达国家有过这方面的经验教训，比如美国，就经历了公开审理模式到不公开审理模式再到公开审理与不公开审理相结合的混合模式的发展过程，建议维持原规定不动。但多数人的意见是实行不公开审理。在人大法工委第一次讨论稿中，没有但书的规定，这一条是最高人民法院建议加上的，理由是人民法院审理未成年人刑事案件，要进行必要的法庭教育，需要邀请有关学校或者未成年人保护组织的代表参加，共同做未成年人的教育、感化、挽救工作。如果没有但书规定，人民法院开展法庭教育时邀请学校或者未成年人保护组织的人员参加就涉嫌违法。也有一种意见认为，既然是不公开审理，就不能让诉讼参与人以外的人参加庭审，否则，就有违不公开审理的初衷。最终立法机关采纳了最高人民法院的意见，允许学校或未成年人保护组织的代表参加庭审，但必须经未成年被告人及其法定代理人同意。从这个角度看，未成年人刑事案件审理不公开，是相对不公开。在刑事诉讼法修改时，对不满18周岁不公开审理的年龄截止期是"审判时"还是"犯罪时"存有争议，最高人民法院在2001年出台的《关于审理未成年人刑事案件的若干规定》第十一条明确规定为"开庭审理时"，但在理论界仍存在不一致的看法。此次修法，进一步明确为"审判时"，但新刑事诉讼法第二百七十五条规定"犯罪的时候不满十八周岁，被判处五年有期徒刑以下刑罚的，应当对相关犯罪记录予以封存"，此处规定为"犯罪时"，二者存在明显冲突，比如对犯罪时不满18周岁，开庭审理时已满18周岁的未成年人刑事案件，既要公开审理，又要犯罪记录封存，显然与刑事诉讼法的立法原旨相悖，这也是立法考虑不周全的地方。有学者认为，不满18周岁的截止期应定为"犯罪时"较为合理：一是可以和犯罪记录封存的年龄截止期相一致，消除二者之间的冲突；二是"审判时"的规定具有不可控性，是否公开审理完全取决于审判机关的办案速度，对于将满18周岁未成年人的刑事案件，审判机关早开庭可能是不公开审理，晚开庭可能是公开审理，这对被告人来说显然是不公平的，甚至会出现为了公开审理而故意拖延办案的情况。然而以此观点，对犯罪嫌疑人已届中年因不满18周岁犯罪而受追诉的案件，也不公开审理，既不合理也不符合法律精神。为了解决这一矛盾，最高人民法院发布的司法解释规定，对依法公开审理，但可能需要封存犯罪记录的案件，不得组织旁听。

（八）犯罪记录封存

刑事诉讼法第二百七十五条规定，犯罪的时候不满十八周岁，被判处五年有期徒刑以下刑罚的，应当对相关犯罪记录予以封存。

犯罪记录被封存的，不得向任何单位和个人提供，但司法机关为办案需要或者有关单位根据国家规定进行查询的除外。依法进行查询的单位，应当对被封存的犯罪记录的情况予以保密。

本条规定了未成年人轻罪记录封存制度。规定轻罪犯罪记录封存制度的理由有三：一是落实中央司改任务。2008年12月，中央转发了中央政法委《关于深化司法体制和工作机制改革若干问题的意见》，首次确认了未成年人轻罪犯罪记录消灭制度，并要求按照"教育为主、惩罚为辅"的原则，探索处理未成年人犯罪的司法制度，为促进确已改过自新的未成年犯罪人员更好地融入社会，有条件地建立未成年人轻罪犯罪记录消灭制度，明确其条件、期限、程序和法律后果。二是西方经验证明此项制度有利于轻罪未成年人无痕回归社会。西方国家对这一问题的研究较为深入，并早已付诸立法实践。比如德国《少年法院法》第96条规定："少年法官确信，被判刑少年的行为无可挑剔，证实已具备正派品行时，少年法官可依其职权，或经被判刑少年、其监护人或法定代理人的申请，宣布消除前科记录。"日本《少年法》第60条规定："少年时因犯罪被判刑，刑期执行完毕或者免予执行的，在适用于人的资格法令上，将来视为未受过刑事处分。"澳大利亚《青少年犯罪起诉法》规定，警方对未成年人的犯罪记录不能保留到其成年之后，18岁以后必须销毁。《美国青少年犯教养法》第5201节规定："对原定最大限度刑期届满前的被送交的青少年犯实行无条件释放时，原定罪自动取消。"《瑞士刑法》第99条规定了对未成年人犯罪"处罚记录之注销"的制度。三是该项制度在我国的司法实践效果明显。在被确定为中央司法改革任务之前，该项制度已经步入司法实践领域。2003年12月，石家庄市长安区人民法院制定了《未成年人前科消灭制度试行办法》，对前科消灭的主体、条件、程序及后果进行了明确规定。目前，该项制度开始在全国各地开始试行，北京、上海、山东、江苏、广东、福建等省市的大胆探索，取得了较好的法律效果和社会效果，一些轻罪的未成年罪犯，在刑满释放或者社区矫正期满后，其犯罪记录被封存或者限制公开，有些地方根据未成年人的申请，当地公安机关还为未成年人出具了无犯罪记录证明书，为未成年人的就学、就业，重新融入社会扫清了障碍，体现出了实实在在的社会效果。贯彻落实此项制度，需要把握好以下四点：

一是5年有期徒刑以下刑罚，包括5年以下有期徒刑、拘役、管制、单处罚金。对判处免予刑事处罚的未成年人，虽然没有被判处刑罚，但因为是定罪免刑，对其相关犯罪记录也要予以封存。

二是封存范围应当包括所有与未成年人犯罪情况有关的档案，不仅仅指涉罪司法文书。对档案中有利于未成年人的材料是否需要封存有不同意见，笔者认为，即使是有利于未成年人的材料，因为与整个案件相关，不宜单独存档，应当一并封存。对在我国犯罪的外籍未成年人，是否封存犯罪记录，应根据外事相关规定处理，不能简单依据本条规定予以封存。从法条规定看，应当封存的是犯罪记录，但是，从立法精神看，对未进入审判阶段的刑事案件记录，也应当封存。比如人民检察院对未成年犯罪嫌疑人直接作出不起诉决定或对被附条件不起诉，考察期满后，检察机关作出不起诉决定的，相关记录应当封存。对依据刑事诉讼法第十五条规定免予追究刑事责任的未成年人刑事案件记录，应当予以封存。

三是要适当限制合适成年人到场的人数和范围。公、检、法机关在讯问和审判时，可以通知合适成年人到场，但合适成年人到场与轻罪犯罪记录封存存在冲突，这就要求我们在选择合适成年人时必须设定一定的条件和要求，不是任何人都可以担任合适成年人，也不是合适成年人越多越好，合适成年人除了具备一定的法律知识、要会做并且热心做未成年人保护工作外，重要的是具备良好的道德品质，能够对讯问和审判内容予以保密。一般来说，合适成年人在1至2人为宜，如果在侦查阶段通知了合适成年人到场，审查起诉和审判阶段也需要通知合适成年人到场的，尽量通知侦查阶段的合适成年人到场，同时要求合适成年人对审判情况予以保密，避免人多嘴杂，影响未成年人犯罪轻罪记录封存的效果。

四是可以对未成年人轻罪犯罪记录进行查询的例外情况。其一，司法机关为办理案件需要可以查询；其二，有关单位根据国家规定可以查询。这里的国家规定包括全国人民代表大会及其常务委员会制定的法律和决定，国务院制定的行政法规、规定的行政措施、发布的决定和命令。无论是司法机关还是有关单位依法进行查询后，都必须对查询的内容予以保密，不得宣扬。

新刑事诉讼法已将未成年人轻罪犯罪记录封存制度作为一项重要内容予以规定，但规定得比较原则，也为此项制度的实施留下了较大的空白。概括而言，该制度有以下几方面的问题亟须解决：

一是封存程序。关于封存的程序，实践中有当事人申请封存、人民法院裁决封存、执法部门自行决定封存等多种形式，从新刑事诉讼法规定看，可以理解为法定封存，但在案件侦查、起诉以及法院判决、社区矫正等司法程序中，公、检、法、司等部门如何做好封存衔接工作需要明确。

二是封存的溯及力的问题。对该项法律制度实施前的未成年人轻罪犯罪记录是否需要封存法律没有明确规定。最高人民法院发布的司法解释规定，2012年12月31日以前审结的案件符合封存规定的，相关犯罪记录也应当封存。但公安机关和检察机关没有类似的规定。

三是封存解除的问题。关于对被封存的犯罪记录是否应当永久封存，立法没有规定。此次刑事诉讼法修改，并没有作更深入的考虑，比如未成年阶段的犯罪记录被封存，后又犯新罪，或者发现漏罪，前罪是否需要解除封存等。最高人民检察院发布的《人民检察院刑事诉讼规则（试行）》中规定，对封存犯罪记录的未成年人，如果发现漏罪，且漏罪与封存记录之罪数罪并罚后被决定执行5年有期徒刑以上刑罚的，应当对其犯罪记录解除封存。《公安机关办理刑事案件程序规定》中也有类似的规定。最高人民法院的司法解释对这个问题没有作出明确回应。实践中，人民法院对未成年人前罪封存期间又犯新罪或发现漏罪，且新罪或漏罪与封存记录之罪数罪并罚后被决定执行5年有期徒刑以上刑罚的，应当对其犯罪记录解除封存。

四是封存效果。未成年人轻罪犯罪记录封存后有何法律意义，比如封存后等同无罪，或者虽不能等同无罪，但可以消除其他法律规定的竞业禁止等。如果封存后视为没有犯罪记录，还能否构成而刑法第六十六条特别累犯（"危害国家安全犯罪、恐怖活动犯罪、黑社会性质的组织犯罪的犯罪分子，在刑罚执行完毕或者赦免以后，在任何时候再犯上述一类罪的，都以累犯论处"）和第三百五十六条特别再犯（"因走私、贩卖、运输、制造、非法持有毒品被判过刑，又犯本节规定之罪的，从重处罚"），这些问题都需要进一步认真研究。

【案例评析】

教育机构责任纠纷中如何判断
未成年人对危险发生是否具有识别能力
——评陈某某与浏阳市艺术学校教育机构责任纠纷案

钟玺波[*] 刘 霞[**]

【裁判要旨】

教育机构责任纠纷中,当受害人为未成年人时,如何适用过失相抵原则?如何判断未成年人对危险发生是否具有识别能力?学生作为限制民事行为能力人,为完成老师安排的劳动任务而积极表现、踊跃参与,不太有可能预见自己行为的危险性,应认定其行为是善意的行为,不应承担责任。

【案情】

上诉人(原审被告):浏阳市艺术学校(以下简称"浏阳艺校")。
法定代表人:罗某某,该校校长。
委托代理人:刘辉,广东君言律师事务所律师。
委托代理人:周艳,广东君言律师事务所律师。
被上诉人(原审原告):陈某某,女,1997年4月19日生,汉族,学生,住湖南省浏阳市。
法定代理人:陈某,44岁,公务员,住址同上。系陈某某之父。
委托代理人:周大来,湖南众议律师事务所律师。

---

[*] 湖南省高级人民法院研究室主任。
[**] 湖南省长沙市中级人民法院未成年人案件综合审判庭副庭长。

2010年11月29日下午，浏阳艺校组织进行卫生大扫除，某班主任老师安排布置卫生大扫除活动后离开了教室。该班学生陈某某去拿劳动工具时，发现只剩下一个倒在遮阳板上的拖把，陈某某见拿不到遂从窗户跳到遮阳板上去拿，因站立不稳从二楼摔到一楼，导致身体多处受伤，被送至浏阳市人民医院住院治疗。2011年6月8日，经湘雅二医院司法鉴定中心鉴定，陈某某左肘创伤性关节炎构成八级伤残，并评估了后续医疗费用。双方就赔偿问题协商未果，陈某某向法院提起诉讼。

【审判】

浏阳市人民法院认为，浏阳艺校作为教育机构对陈某某在校学习、生活期间负有教育、管理的职责。浏阳艺校将学生日常使用的劳动工具放置在没有加设护栏的遮阳板上，存在明显的不安全因素；同时，其组织劳动活动，老师安排活动后即离开教室，致使未及时发现和制止陈某某的危险行为，故浏阳艺校未尽到教育、管理职责。陈某某是限制民事行为能力人，且受伤是为了完成老师安排的劳动任务，是善意的行为，陈某某在本案中不应承担责任。据此，依照《中华人民共和国侵权责任法》第十六条、第二十二条、第三十九条，《最高人民法院关于审理人身损害赔偿案件适用法律若干问题的解释》第十七条、第十九条、第二十一条、第二十二条、第二十三条、第二十四条、第二十五条的规定，判决：一、浏阳艺校赔偿陈某某医疗费、护理费、交通费、住院伙食补助费、残疾赔偿金、营养费、鉴定费等损失共计157927.4元（含已付13203.2元）；二、浏阳艺校赔偿陈某某精神损害抚慰金15000元；三、驳回陈某某的其他诉讼请求。

一审判决后，上诉人浏阳艺校不服，上诉称：我校制订了严禁爬窗等校规校纪，予以张贴且多次传达，已履行对学生的安全教育义务，被上诉人明知跳窗危险且学校明令禁止，在未告知老师的情况下违反校规跳窗取拖把，其应承担一定的责任；我校将劳动工具放置在遮阳板上是为了合理利用空间，学生只需伸手就可取到，不存在安全隐患，认定我校未尽到教育管理职责理由不充分。请求撤销原判。

被上诉人陈某某答辩称：学校要求学生将日常清洁工具放置在没有加设护栏的遮阳板上，存在明显的安全隐患，其放任这种危险状态的存在，对本案有不可推卸的责任。且在大扫除中，老师未在现场监督、指导和管理，故此学校应承担全部责任。被上诉人主张的赔偿费用，全部是实际产生的费用。所主张的精神损害抚慰金也在法律规定的赔偿范围内。请求维持原判。

二审经审理查明原审法院认定的事实无误，予以确认。

长沙市中级人民法院认为：浏阳艺校对陈某某在校学习、生活期间负有教育、管理、保护的职责，其虽平时对在校学生进行了一定的安全方面的教育和管理，但将学生日常使用的劳动工具放置在没有加设护栏、不具备放置物品功能的遮阳板上，存在明显的不安全因素，安全管理制度存在明显疏漏；同时，该校组织学生进行劳动活动时，老师在安排劳动任务后即离开教室，未拿取、分配劳动工具，没有对学生进行必要的管理，致使无法及时发现和制止陈某某的危险行为，亦没有履行若学生"拿不到劳动工具则由老师负责拿取"的义务，应认定浏阳艺校未尽法律、法规规定的相应的教育、管理职责，且该未尽职责行为与陈某某的损害后果存在因果关系，因此，认定浏阳艺校应当承担责任。陈某某受伤时未满14周岁，系限制民事行为能力人，为完成老师安排的劳动任务而积极表现、踊跃参与，是善意的行为，基于其有限的知识及社会阅历等，不可能预见自己行为的危险性，因此，陈某某对损害的发生没有过错，不应承担责任。原判认定事实清楚，适用法律正确。据此，依照《中华人民共和国民事诉讼法》第一百七十条之规定，判决：驳回上诉，维持原判。本案二审受理费3174元，由浏阳艺校负担。

【评析】

本案的焦点是浏阳艺校与受害学生陈某某的责任认定及划分问题。侵权责任法第二十六条规定，被侵权人对损害的发生也有过错的，可以减轻侵权人的责任。教育机构责任纠纷中，当受害人为未成年人时，如何适用过失相抵原则？如何判断未成年人对危险发生是否具有识别能力？

适用侵权责任法第二十六条、第三十九条时，法官应当积极寻求自由、安全与秩序三种价值取向的平衡，努力平衡学校与学生两方主体之间的利益。本案中，陈某某系限制民事行为能力人，可依法从事与其年龄、智力相适应的民事活动，如何判定其对危险发生是否具有识别能力即成为本案的关键。陈某某作为住校学生，浏阳艺校在管理上存在明显的不安全因素和行为诱导的可能性；在具体操作中，老师未对学生予以必要的管理，没有履行相应的义务，可以认定学校未尽到教育、管理职责，且与陈某某的损害后果有因果关系。陈某某受伤时未满 14 周岁，系限制民事行为能力人，其受伤是在参与学校组织的劳动活动中，基于其有限的知识及社会阅历等，为完成老师安排的劳动任务而积极表现、踊跃参与，不太有可能预见自己行为的危险性，其行为是善意的行为，不应承担责任。陈某某对损害的发生没有过错，故本案不适用过失相抵原则。该案的判决充分地维护了未成年人的合法权益，体现了未成年人权益最大化的司法理念。

未成年人民事案件审判社会观护工作
典型案例评析

顾薛磊*

案例一：张某诉许某某抚养费纠纷一案

【案情简介】

原告张某及其法定代理人诉称，原告系原告法定代理人与被告所生之子。原告法定代理人与被告离婚后，被告仅每月支付抚养费600元，该抚养费现无法维持原告的实际需要，尤其原告身体体质较弱，有哮喘病，经常发作，需要游泳增强体质，平时进行围棋学习，同时因原告法定代理人工作性质特殊工作做一休一，需要聘请保姆进行接送孩子，费用甚高。而被告系公务员，收入较高，故要求被告要求从起诉之日起每月支付抚养费3000元。

被告许某某辩称，同意在其能力范围内增加抚养费至1000元。被告与原告法定代理人离婚时，只拿了三分之一的房屋折价款，给孩子预留了份额。原告平时的实际需要2000元应能满足，原告法定代理人当庭提供的孩子的各项开销有"水分"，对于游泳费用、学习围棋等费用都未与被告事先协商，故不同意支付该些费用。对于原告哮喘的问题，被告称亦不知情，在其离婚时，原告只是过敏性体质。

张某现在于本市闵行区某小学读二年级，第一次开庭时未成年人张某并未到庭。法官在庭审中得知由于被告许某平时经常上门看望儿子张某，张某对父母离异的事情也并不知晓。为全面调查案件情况，减少父母就抚养费事宜给孩子带来的负面影响，法院在受理本案后，及时委托社会观护员上门了解情况，并特意嘱咐观护员不要向原告告知其诉讼事宜。

---

* 上海市长宁区人民法院未成年案件审判庭审判员。

【社会观护报告摘要】

"原告目前身高在130cm左右,身体成长良好,目前有哮喘的疾病,由于原告比较小,对'哮喘'这个专业名词不太懂,只是表示会经常喉咙疼,现在也在积极配合治疗,眼睛无近视,但原告自己表示有时候在看电视的时候,眼睛会不自主地流眼泪,但是看东西不模糊。观护员问他现在家里和谁一起生活,原告表示和爸爸妈妈一起住,原告法定代理人表示被告有时会来看望原告,并向原告表示其妈妈工作比较忙不能经常回来,原告就认为和爸爸妈妈一起生活,这也说明原告由于年龄小的原因,对父母离异的事情了解得并不多,而当观护员问其爸爸妈妈谁更好时,原告表示,两个都好,说明原告和父母的感情没有因为双方的离异而产生偏差。"

【审判理念】

最大限度降低因父母争议给未成年人造成的二次伤害。社会观护员一般都具有社工师资格,有的还拥有心理咨询师,他们有着丰富的与未成年人打交道的工作经验,社会观护员与孩子的接触减少未成年人对法律威严的恐惧感,最大范围地减少因父母纷争对孩子的负面影响。

【法院对社会观护报告的采纳】

通过社会观护报告,法官在审理案件过程中,发现父母双方事实上对孩子隐瞒了父母的关系情况,孩子的母亲以工作忙为借口掩盖了夫妻分开居住的事实,但孩子的母亲每周基本上不定期上门看望孩子,孩子的父亲也很好地配合母亲的探望事宜。法院由此认为本案父母其实对孩子的感情很深,并不愿意伤害孩子,案件的审理应立足于孩子的实际需求,着重做家长的调解工作,从有利于解决双方的纷争出发。最后法官在庭审中着重核实孩子平时的开销、围棋补习等情况,被告表示只要有利于孩子的学习,其皆愿意支付,最终该案得到了比较圆满的解决。

【评析】

有些家庭纠纷父母并不想让孩子了解到父母的争执,以免影响到孩子自身情绪以及孩子对父亲或母亲的不良影响。为了全面了解未成年人的成长生活环境,维护未成年人的合法权益,法院需要开展调查工作,但如果调查工作由法官自行上门,法官的身份必然会引起孩子的警觉,而调查工作由社会观护员进行则避免了这一矛盾。在本案中,社会观护员的身份很好地回避了孩子父母进行诉讼的事实,在整个观护过程中,孩子并没有受到因诉讼带来的心灵伤害。

案例二:韩某某诉杨某的生命权、健康权、身体权纠纷一案

【案情简介】

韩某某是某小区居民,已80余岁,某日,其前往小区老年活动室的棋牌室,在途经乒乓室时,被正在打乒乓的杨某撞倒受伤骨折。

韩某某诉称,其在小区活动室正常行动被杨某撞倒受伤,要求杨某负全部民事责任,赔偿4万余元。

杨某辩称,其在乒乓室正常打乒乓球,其根本无法预料到原告会从其背后走过,故本次事件完全是意外,由于家庭贫穷,无力赔偿韩某某的相关费用。

【社会观护报告摘要】

"韩某某的家庭生活完全被打乱,且本人痛苦不堪。一周后,双膝盖肿大,左侧肋骨疼痛,才知道自己的旧伤也一起发作,由于不能站立,只能躺在床上,左侧肋骨的旧伤导致不能左躺,向右侧睡又压迫右手骨神经,本人比较胖,其痛苦无法言表。韩某某的儿子为了能在白天照顾老母亲的生活,在单位一直申请做夜班,二个女儿轮流服侍老母亲夜间的生活起居。尽管如此,韩某某自己承担了后续的肋骨和膝盖方面的治疗费用。"

杨某的父亲杨某某自1979年顶替其母亲的工作在长宁木箱厂做工人,由于收入太低,于1991年辞职经商,摆摆地摊做做小生意,或者在朋友的介绍下打零工至今。杨某的母亲是外来嫂,从事家政方面的服务,无固定收入。杨某一家所居住的房屋是祖母的两居室房子中的一间(另一间是其伯父居住,祖母另外租房居住)。面积大约在十平方米左右。杨某家庭享受政府低保。杨某,1996年出生,华东政法大学附属中学在读初三,学习成绩良好。"

社会观护员在走访现场以及看到原、被告实际经济困难提出:"……建议法院通过司法救助或者其他途径解决部分经济补偿,由被告支付原告医药

费的部分数额，从而解决当事人的实际困难，保护未成年人和老年人的合法权益。"

【审判理念】

本案的当事人均为需要社会特别关注的群体，案件审理是否客观公正，能否妥善化解矛盾，涉及社会的和谐稳定。因此，法院在案件审理过程中，尤其要注意当事人双赢，争取案结事了。

【法院对社会观护报告的采纳】

法官通过庭审中原、被告的陈述，结合社会观护员社会调查报告，认为该次事件是一起意外伤害事件，应按公平原则处理。考虑到即使通过公平原则处理，被告仍需支付医疗费、护理费、营养费，且本案中原告已80余岁，卧床时间十分长，护理费用数额较大，被告的经济状况根本无力负担。而本次诉讼给正在准备中考的被告带来很大的思想波动。因此法官在法庭上着重法律教育和调解，社会观护员则上门从情从理的角度出发做原、被告的调解工作，双方最终达成调解协议，由被告支付原告医疗费。与此同时，法院也依据社会调查报告，为原告申请了一部分司法救助。

该案审结后，原告给法院送来锦旗，感谢法官做到了解决民间矛盾，一心为民。而被告的法定代理人也在第一时间向法官打来报喜电话，由于案件及时处理，使孩子在中考前卸去了诉讼的压力，孩子考进了上海市延安中学高中部（上海市一所市重点中学）。最终达到了案结、事了、人和的效果。

【评析】

借助观护力量，开展调解工作。社会观护员在走访原、被告的基础上，听取双方意见，对案件情况、背景、矛盾点比法官更清楚，社会观护员的介入可以适当调解当事人之间的纠纷，能积极调和双方之间的关系，根据实际情况，并提出具有可操作性的处理意见。

案例三：杨某诉杨某某的抚养费纠纷一案

【案情简介】

杨某的父母离异后，杨某就与母亲刘某和外祖父一起生活，刘某和杨某主要靠外祖父的离休金生活,但杨某的外祖父体弱多病,母亲刘某要经常陪外祖父到医院看病,照看杨某的时间并不多,刘某在抚养方面经济压力大,故起诉杨某的父亲请求增加抚养费。

【社会观护报告摘要】

"父母的离异在一定程度上给原告产生不利因素,导致原告的性格内向,不擅与人交流,与同龄人的接触较少,缺乏独立性和果断性。为了给原告创造一个有利身心健康的良好的成长环境,母亲尽可能抽空陪伴原告,并让原告外公担任父亲的职责,但双方的年龄和思想上的差异并不能完全满足原告的需求。观护员认为未成年人已满12周岁,正处于生理和心理发展的关键阶段,父母间的过度争执会让他产生回避和退缩的行为,并会对他今后的学习和生活产生不利因素。"

【审判理念】

父母离异往往会给孩子带来一定的心理伤害,有的甚至会引发孩子的心理疾病,乃至走上极端的道路。所以在回访、调查观护的过程中要注重孩子的心理健康问题。

【法院对社会观护报告的采纳】

法官在阅读该份社会调查报告后,发现父母离异给孩子已经造成了一定的心理伤害。因此,在开庭时让社会观护员到庭宣读观护报告,当父母听到"父母间过度争执会让孩子产生回避和退缩行为……"时大感意外,方才意识到自己的行为已给孩子带来了很大的负面影响,在整个庭审中,父母双方不再对抚养费数额过多争议了,而是共商如何减少对孩子的心理伤害,如何对孩子进行心理疏导。最终案件当庭达成调解。

【评析】

长宁法院选任的社会观护员队伍中,很多社会观护员具有国家心理咨询师资质。在案件审理过程中发现未成年人有可能有心理问题或困扰时,法院会选派具有心理咨询师资质的社会观护员上门观护,一方面有利于及时发现问题,提醒家长注意解决问题;另一方面可以对未成年人的心理问题进行疏导,从而为案件的审理打下良好的基础,为未成年人的健康成长创造更好的环境。

轮奸案件中强奸未得逞者的犯罪形态如何认定
——评被告人李某某、毛某某强奸一案

龙孝云　陆一君[*]

【裁判要旨】

轮奸案件中没有相互帮助行为的，一人强奸得逞一人强奸未得逞，对于未得逞者犯罪形态的认定，应该根据强奸犯罪是亲手犯的特殊性，客观认定为犯罪未遂。

【案情】

一审判决书：常州市武进区人民法院（2013）武少刑初字第 37 号刑事判决书。

二审判决书：常州市中级人民法院（2013）常少刑终字第 4 号刑事判决书。

公诉机关：常州市武进区人民检察院。

被告人李某某，男，14 岁，汉族，初中文化，农民，家住云南省威信县。因本案于 2012 年 5 月 4 日被刑事拘留，同年 6 月 6 日被取保候审，2013 年 4 月 9 日被逮捕。

法定代理人杨安群，女，系被告人李某某之母亲。

指定辩护人蒋建耀，江苏阳陵律师事务所律师。

被告人毛某某，男，14 岁，汉族，初中文化，农民，家住云南省威信县。因本案于 2012 年 5 月 5 日被刑事拘留，同年 6 月 6 日被取保候审。

法定代理人杨安润，女，系被告人毛某某之母亲。

指定辩护人朱焱，江苏常运律师事务所律师。

---

[*] 江苏省常州市中级人民法院法官。

指定辩护人曹晓王录，江苏常运律师事务所律师。

常州市武进区人民检察院以被告人李某某、毛某某犯强奸罪，向常州市武进区人民法院提起公诉。

【审判】

常州市武进区人民法院一审审理查明：

2012年5月3日下午，被告人李某某、毛某某在常州市武进区横林镇崔桥健身广场玩耍时遇到被害人李某某，通过交谈知悉李某某精神不正常（经鉴定，属精神发育迟滞、无性防卫能力），遂产生强奸歹念，后采取诱骗等手段，跟随李某某至位于横林镇双蓉村委王家塘26号的暂住地，二被告人遂轮流与李某某发生性关系，其中被告人毛某某因其生理原因而未能得逞，因被害人家属回家，被告人毛某某逃离现场；被告人李某某被当场抓获。

另查明，被告人毛某某于2012年5月5日主动到常州市武进区公安局横林派出所投案。

上述事实，有被告人李某某、毛某某的供述笔录，未到庭被害人李某某的陈述笔录，未到庭证人李自风、洪海玲、李报群、杨安群、杨安润的证言笔录，被告人身份信息，被害人医院医疗证明书，常州市德安医院司法鉴定所有无精神疾病及性防卫能力鉴定意见书，现场勘验检查笔录，发破案经过等证据证实。

常州市武进区人民法院一审认为：

被告人李某某、毛某某，轮流与无性防卫能力的妇女发生性关系，其行为已构成强奸罪，系共同犯罪。其中被告人毛某某因意志之外的原因而未得逞，是犯罪未遂，依法可以比照既遂犯从轻或减轻处罚；被告人李某某、毛某某犯罪时已满十四周岁未满十六周岁，系未成年人犯罪，依法应当从轻或减轻处罚；被告人毛某某能自动投案，归案后如实供述所犯罪行，属自首，依法可以从轻或减轻处罚；被告人李某某归案后能如实供述所犯罪行，依法可以从轻处罚；综上，对被告人李某某、毛某某适用减轻处罚。依照《中华人民共和国刑法》第二百三十六条第三款第（四）项、第二十五条第一款、第二十三条、第十七条第二、三款、第六十七条第一、三款、第七十二条第一款、第七十三条第二、三款之规定，于2013年4月9日作出（2013）武少刑初字第37号刑事判决：

一、被告人李某某犯强奸罪,判处有期徒刑三年六个月。

二、被告人毛某某犯强奸罪,判处有期徒刑三年,缓刑四年。

一审宣判后,常州市武进区人民检察院向常州市中级人民法院提出抗诉。抗诉理由为:原判对被告人毛某某属犯罪未遂的认定有错误,导致对被告人毛某某适用法律不当。轮奸案件中,轮奸情节本身没有独立的既未遂问题,只有强奸罪的既未遂问题。共同强奸案件中部分人强奸既遂,部分人强奸未遂的情形,都应当按强奸罪既遂论。

原审被告人李某某的指定辩护人辩称,李某某系未成年人犯罪,属初犯,归案后如实交代了自己的犯罪经过,认罪态度较好,造成的社会影响不大,社会危害性不大,本着教育和挽救原则,请求法庭从轻处理。

原审被告人毛某某的指定辩护人辩称,毛某某未与被害人发生性关系,属未遂,被害人监护人未尽到监护职责,也有一定的过错,毛某某的父母主动补偿了被害人损失,并取得了被害人及其家属的谅解,恳请法庭从轻处理。

常州市中级人民法院经审理确认了一审查明的事实。

另查明,2012年6月6日,李某某、毛某某的父母与被害人的监护人之间达成协议,李某某、毛某某的父母支付被害人精神损失费16000元,被害人及其监护人同意接受并自愿谅解李某某、毛某某。该事实有杨安润、李自凤、李报群签署的协议书予以证实。

本案的争议焦点是:(1)轮奸案件中一人强奸得逞一人未得逞的,对于强奸未得逞的应如何认定。(2)二被告人的量刑。

常州市中级人民法院经二审认为:

第一,原审被告人李某某、毛某某,先后与无性防卫能力的妇女发生性关系,其行为应以强奸罪论处,系共同犯罪。原审认定李某某、毛某某犯罪时已满十四周岁未满十六周岁,系未成年人犯罪。毛某某自动投案,归案后如实供述所犯罪行,属自首;毛某某实施犯罪过程中因意志之外的原因而未得逞,是犯罪未遂。李某某归案后能如实供述所犯罪行,系坦白。上述事实二审法院予以确认。

第二,强奸罪中的轮奸是共同犯罪中的一种特殊形式犯罪,认定行为人的犯罪形态,不能简单适用一般共同犯罪中"一人既遂全案既遂"的理论。本案中李某某、毛某某在与被害人发生性行为时,没有共同使用暴力、胁迫等手段,相互之间也没有配合、帮助行为,此种情形下,一个人的犯罪形态不能转化为整体的犯罪形态,若适用"一人既遂全案既遂"的理论,有违罪责刑相适应的刑法原则。故抗诉机关的抗诉理由不能成立，不予采纳。

第三，本案在追究原审被告人刑事责任时，应当有别于主观恶性深、有预谋、采用暴力、胁迫等手段的强奸犯罪案件。鉴于两原审被告人犯罪时刚刚达到相对负刑事责任年龄阶段，辨别是非的能力并不强，被害人又有较为主动的行为，综合考虑本案的起因、情节、犯罪方式、犯罪形态、主观恶性、危害程度、悔罪态度以及二审过程中查明的两原审被告人的行为已取得被害方的谅解等各项因素，故对原审被告人李某某依法可以适用缓刑；对原审被告人毛某某，符合犯罪情节轻微不需要判处刑罚，依法可以免予刑事处罚。

综上，检察机关的抗诉理由不能成立，法院不予采纳。辩护人的辩护理由，法院予以采纳。原审判决定罪准确，审判程序合法，但量刑过重。依照《中华人民共和国刑法》第二百三十六条第三款第（四）项、第二十五条第一款、第二十三条、第三十七条、第十七条第二、三款、第六十七条第一、三款、第七十二条第一款、第七十三条第二、三款，《中华人民共和国刑事诉讼法》第二百二十五条第一款第（二）项之规定，常州市中级人民法院于2013年7月5日作出（2013）常少刑终字第4号刑事判决：

一、维持常州市武进区人民法院（2013）武少刑初字第37号刑事判决对原审被告人李某某、毛某某的定罪部分；

二、撤销常州市武进区人民法院（2013）武少刑初字第37号刑事判决对原审被告人李某某、毛某某的量刑部分；

三、原审被告人李某某犯强奸罪，判处有期徒刑三年，缓刑三年（缓刑考验期从判决确定之日起计算）；

四、原审被告人毛某某犯强奸罪，免予刑事处罚。

本判决为终审判决。

【评析】

本案的争议点主要是轮奸案件中一人强奸得逞一人未得逞的，对于强奸未得逞的应如何认定？轮奸犯罪中未得逞者是认定为既遂还是未遂？对此，理论与实践中均有两种不同的观点和做法：

一种观点认为，一人既遂即为全部既遂是判断共同犯罪中犯罪形态的重要标准，轮奸犯罪作为共同犯罪也不能例外，所以对于轮奸犯罪中未得逞的应该认定为犯罪既遂。以《刑事审判参考》第281号案例为代表，该案件发表于2004年的《刑事审判参考》上。南京市下关区人民法院一审于2003

年10月作出的判决，认定得逞者既遂，未得逞者未遂，判决后被告人上诉又撤诉了，在《刑事审判参考》中把这个案例编发出来，但二审法院观点认为应该是全案既遂。

另外《刑事审判参考》上还有个类似案例"张甲张乙强奸案"，2010年一审判决未得逞者是犯罪未遂，被告人认为量刑过重上诉，二审法院认为一审认定未遂不当，予以纠正。

另一种观点认为，轮奸犯罪是一种特殊的共同犯罪，每个人都是共同正犯，所有参与人都是实行犯，也都是亲手犯，每个参与者的强奸行为都具有亲自参与性和不可替代性，他人的犯罪感受不能代替本人的感受，所以轮奸犯罪中未得逞者应该认定为未遂，以《人民司法》2010年6月20日发表的案例研究为代表，该案件发生于2009年，北京市海淀区人民法院一审没有认定轮奸犯罪中未得逞者为未遂，被二审北京市第一中级人民法院认定为法律适用错误，予以改判。

2005年江西赣州市章贡区人民法院审理过一个相同的案件，一审也认定是犯罪未遂，被告人上诉，二审赣州市中级人民法院驳回上诉，维持原判。

本案经过常州市中级人民法院审委会讨论，审委会最后的意见如下：

轮奸案件中一人强奸得逞一人未得逞的，对于未得逞者的犯罪形态如何确定，既要考虑到轮奸犯罪具有共同犯罪的一般特征，又要考虑到强奸罪的特殊性。按照一般的共犯理论，一人既遂即为全部既遂，这是基本原理，但是在刑法特殊罪名当中，这个原理不能简单适用。例如，共同脱逃罪和偷越国境、边境罪，都是这类特殊的犯罪，必须亲自实施、完成才能既遂。轮奸犯罪同样是共同犯罪中的一种特殊形式犯罪，每个参与人都属于共同正犯、实行犯，都实施了强奸行为，而不存在帮助犯或者胁从犯的情形。所有参与人也都是亲手犯，每个参与者的强奸行为都具有亲自参与性和不可替代性。轮奸犯罪不同于盗窃、抢劫等共同犯罪之处在于，参与轮奸者注重犯罪的亲身感受性和自我满足性，唯有亲自完成插入或者接触行为，其本人的犯罪目的才能达到，而他人的犯罪感受无法代替本人的感受，他人的犯罪目的实现无法代替本人的目的实现。因此，在判断轮奸犯罪中参与者是既遂还是未遂问题上，有必要实事求是地考虑到强奸犯罪亲手犯的特殊性，对于因意志以外的原因未能得逞者应客观评价为强奸未遂，不能以得逞者的犯罪体验来代替未得逞者的感受。

因此，一人既遂即为全体既遂是判断共同犯罪完成形态的一般标准，对于普通共同强奸犯罪，该标准完全适用，例如本人不想强奸，不实施奸淫行为，只是帮助他人实施奸淫，如果被帮助者强奸成功，则被帮助者强奸既遂，本人也是强奸既遂。但对于轮奸犯罪这种亲手犯，则要考虑到强奸犯罪不可替代的特殊性，既然本人目的是要实施奸淫行为，则客观上就要以其是否亲自实施、完成奸淫行为作为判断强奸既遂、未遂的标准。

本案的另一争议焦点是二被告人的量刑，本案是依据有关司法解释，以强奸罪论处的案件，但两原审被告人毕竟没有强奸预谋，没有使用暴力、胁迫等手段，二人之间也没有互相帮助、互相配合的行为，犯罪时都是已满14周岁不满16周岁，且这次都是初次发生性行为，被害人有主动行为，被告人又赔偿了被害人且得到其谅解，应该说主观恶性不大，社会危害性也不大，可以判处缓刑和免刑。

【域外考察与借鉴】

台湾地区少年审判制度及其启示

方 芳*

  2013年4月17日至23日，应台湾地区司法主管机构（"司法院"）《海峡两岸共同打击犯罪及司法互助协议》（简称协议）联络人邀请，最高人民法院副院长黄尔梅以协议顾问身份率两岸司法互助协议交流参访（少年审判）考察团一行赴台考察台湾地区少年审判制度。笔者作为考察团成员之一，就考察情况和有关收获略作一介绍，有关内容系笔者个人感受与认识，不代表官方立场与态度。

一、台湾地区少年审判制度

（一）台湾地区处理少年事件的立法

  为有效防治少年犯罪，顺应处理少年案件特殊性、专业性的要求，台湾地区于1962年公布"少年事件处理法"，1971年正式实施，1997年10月大幅修正，2000年2月、2002年6月、2005年5月再经三次小幅修正。新修正的"少年事件处理法"，秉持"以保护代替监禁，以教养代替处罚"的宗旨和"保护优先、教育优先"的精神，针对少年特殊环境背景与犯罪成因，进行个别化的处遇，以达成保障少年健全自我成长，矫治其性格的目的。台湾地区"少年事件处理法"历经几十年的发展，已经较为成熟，理念非常先进，专业化程度很高，可操作性很强，在少年法院的设置、受理案件范围、案件审理、与有关单位的配合、少年法官的选任等方面，都有明确的

---

* 最高人民法院研究室少年法庭工作办公室副主任。

规定。

该法第5条规定"直辖市"设少年法院,专门负责少年事件的处理与少年保护工作,同时规定,少年法院分设刑事庭、保护庭、调查保护处、公设辅佐人室,并应配置心理测验员、心理辅导员及佐理员。高雄少年法院就是依据上述规定而设立的(在"少年事件处理法"正式实施以前,台湾地区于1968年在各地方法院设置观护人,负责少年辅导工作,1970年各地方法院成立少年法庭)。

该法第2条、第3条、第85-1条规定(详见附件1),少年法院(含少年法庭,下同)管辖三类案件:少年(12岁以上未满18岁)有触犯刑罚法律之行为者;少年有触犯刑罚法律之虞者;7岁以上未满12岁之儿童,有触犯刑罚法律之行为者。台湾地区"少年事件处理法"对少年法院受理案件范围的规定,与大陆刑事诉讼法的规定有很大的不同,比大陆少年法庭受案范围要宽泛得多。

少年法庭管辖事务主要分为审判及调查保护两大类,审判包括少年保护事件和少年刑事案件两种,分别由保护庭及刑事庭办理。根据少年事件处理的宗旨、精神和原则,少年事件尽量不以刑事案件处理,一般以保护事件来处理。少年保护事件主要指少年虞犯事件,以及少年虽触犯刑法但尚不足以移送检察官按照刑事案件起诉的事件。少年保护事件处理程序可分为受理、调查和审理。少年法院受理少年事件,来源主要有四类:任何人的报告;法院、检察官、司法警察官的移送;学校、少年保护机构的请求;抗告法院的发回。受理后,先由少年调查官就少年的品格、身心、教育、家庭状况等必要事项进行审理前调查,调查后的处置则由法官决定,包括:移送管辖;移送检察官(少年刑事案件);应不交付审理(无进行保护处分的原因);可以不付审理并予以转介辅导、告诫、交付法定代理人或现在保护之人严加管教;开始审理和交付观察。审理少年事件,不公开进行,审理裁定包括:不交付保护处分;交付保护处分,包括训诫并可予以假日生活辅导、交付保护管束并可命为劳动服务、交付安置辅导、施以感化教育等;移送检察官(少年刑事案件)。

少年刑事案件是指少年所犯最轻本刑为5年以上有期徒刑之罪,或者已满20岁者,裁定移送检察官起诉的案件;此外,少年犯罪情节重大,参酌其品行、性格、经历等情况,以受刑事处分为适当者,法官也可以裁定移送检察官，以少年刑事案件处理。台湾地区少年法院对少年事件享有"先议权"，只有少年事件构成刑事案件的，才由法官移送检察官起诉，完全不同于大陆法院接受检察院起诉的模式。地方检察署接到少年法院移送的少年事件后，开始侦查。侦查终结的处置包括：提起公诉；不起诉处分，移送少年法院依少年保护事件审理；不起诉处分。少年刑事案件起诉后，仍然是由少年法院或者少年法庭审理，可以参照少年保护事件的程序进行审理，有别于一般刑事案件的审理。法官对于犯最重刑为10年有期徒刑以下罪行的少年，认为罪有可恕的，可以免除处罚或者给予保护处分；对于判处3年有期徒刑以下刑罚，可以宣告缓刑。判决确定后，也可以不与一般成年刑事犯一同执行，一般送到专门的执行机构（如明阳中学）继续就学。

对于少年法院与相关单位的连接配合，"少年事件处理法"第25条规定："少年法院因执行职务，得请求警察机关、自治团体、学校、医院或其它机关、团体为必要之协助。"

对于少年法院法官的遴选，"少年事件处理法"第7条第1项、"少年及家事法院组织法"第20条以及"司法院"的遴选办法（详见附件1）均规定：少年法院院长、庭长及法官应遴选具有少年保护之学识、经验及热忱者任之。对于少年法官"热忱"的测验，"司法院"可以委托学术机构或团体进行。因此，担任少年法庭法官的资格，有具体客观的标准。遴选出合格的庭长、法官人选，经"司法院"人事审议委员会审议后，由"司法院"核发办理少年事件法官证明书，有效期间为4年。

（二）台湾地区"司法院"少年及家事厅职责

少年及家事厅是台"司法院"的内设机构，与民事厅、刑事厅、行政诉讼及惩戒厅、司法行政厅平级。依据"司法院组织法"第15条第1项规定，少年及家事厅负责少年及家事事件审理的行政事项，少年事件执行业务的规划、指导、监督事项，妇幼权益保护的行政事项，以及相关司法法规的研修。主要有以下几项职责：一是研定"少年及家事法院组织法"，办理法官少年及家事专业培训、研订"家事事件法"等配套措施，充分连接社会资源，确保妇女、少年及未成年子女的利益。二是重塑少年候审环境，通盘研修少年司法制度。三是建立少年及家事事件审判专业团队，选任少年及家事法院法官、核发办理少年事件、家事事件的法官专业证明书，同时建立儿童少年心理专家名册，提供审理参考。举办家事调解委员教育训练，督促法院落实办理调解委员评鉴、投诉及退场机制，以增进调解功效，发挥家事案件调解制度功能。四是建置安全出庭环境与措施，维护人身安全。各法院已经采取包括设置视讯系统、单面镜或者指认室等隔离讯问设备；提供不同出入法庭路线或者安全通道、不同等候开庭场所、商请社工人员陪同被害人、指派法警、庭务员等或者商请警察机关协助派员陪同、护送等安全措施。五是协助设置家庭暴力事件服务处，强化对被害人的保护。已有19所地方法院，依据"家庭暴力防治法"第19条第2项的规定，提供适当场所、必要设备及相关协助，让地方政府及其委托的民间团体在法院内设立家庭暴力事件案服务处，提供家庭暴力事件相关专业咨询、转介、陪同出庭等服务。六是自2009年起编列经费支援各法院，同时为维护少年权益并使民间机构充分发挥协助法院办理少年安置辅导业务的功能，"司法院"持续编列经费扶助相关机构，以保障落实保护处分的执行。

（三）高雄少年及家事法院情况

高雄少年法院成立于1999年，是台湾地区第一审法院之一（与其他地方法院平行），宗旨是实践"少年事件处理法"的立法精神，以教育、辅导、个别化处遇的方式来达到少年重建人格、回归社会的目标。高雄少年法院通过整合资源，创新举措，推行各项少年调查保护业务，已成为高雄地区少年保护辅导的核心和台湾地区少年事件处理业务的典范，得到社会各界的认可。2012年为更有效处理家事事件，保障妇幼权益，高雄地方法院家事法庭并入高雄少年法院，高雄少年法院更名为高雄少年及家事法院（以下简称高雄少家法院）。

高雄少家法院位于高雄市楠梓区兴楠路182号，于2003年5月9日落成启用，是台湾地区第一所符合专业需求，具有温暖、关怀、教育及人性化设计理念的专业法院大楼，兼具办公、审判与辅导场所功能。大楼分为四层，建筑设计充分体现了少年事件的司法性、教育性及社会性的特殊性质与保护、教育的理念，充分表达了司法本质中的人性关怀，也充分体现了司法为民的精神。大楼的外观采取现代感与亲和性设计，强化庭园绿化与植栽，并设置有户外大理石石雕公共艺术"大地生机"。室内空间采取温馨与人性化设计，挑空一至四楼中庭，有室内空中花园，并设置不锈钢线编织悬吊公共艺术"运行"及艺术陶壁,使整栋建筑充满艺术与人文气氛。在保护法庭的设置方面,采取平台式及椭圆形桌的设计,显现温暖与人性化的审判环境,除了可减少当事人对于法院严肃刻板的印象外,还可缩短与少年的心理距离,降低少年抗拒的心理,以便与少年及其法定代理人作充分的沟通,这一点与大陆圆桌审判方式非常相似。在辅导空间方面,设有各种专业性的辅导场所,有个别会谈室、个别咨商室、家庭咨商室、团体咨商室、游戏治疗室、心理测验室、观察室、少年图书室、采验室、辅导教室、温馨室、报到候谈室及研究室等。法庭设置视讯系统、单面镜及指认室等隔离设备,提供不同颜色指引的出入法庭路线,保障证人、被害人的人身安全。在便民服务设施方面,设置有单一窗口联合服务中心,包括社政、家暴中心、少年安置辅导机构等资源单位工作点,还设置有当事人休息室、被害人休息室、证人及鉴定人休息室、律师阅卷及休息室、律师谈话室、专家咨询室及志工服务室等场所,提供各项贴心便民服务。

高雄少家法院设院长一人,负责全院行政事务,设少年审判、家事审判及行政三大部门。编制人数为 201 人(含驾驶员、技工、工友),现有 174 人,其中法官 22 人(含庭长 3 人)。

少年审判方面,分设刑事庭及保护庭,配置庭长及法官,负责刑事案件及少年保护事件的调查、审理。设置公设辩护人室及公设辅佐人室,由公设辩护人及公设辅佐人负责刑事案件的强制辩护及少年保护事件的指定辅佐事务。设置调查保护室,配置主任一人,负责调查保护事务。配置少年调查官及少年保护官,负责少年事件审理前调查及保护处分的执行等事务,少年调查官及少年保护官分组办事,各组设组长一人,协助主任并督导各组调查保护业务。调查保护室配置心理测验员、心理辅导员、佐理员及采验佐理员,负责少年心理测验、心理辅导、协助调查保护的行政事务及尿液采验。

家事审判方面,设家事庭,配置庭长及法官负责家事案件的审理。计划配置 12 名家事调查官,负责家事案件的调查。在心理测验员、心理辅导员、佐理员配置方面,与少年法庭资源共享。

行政方面,设书记处,配置书记官长一人,处理全院行政事务。下设纪录科、法官助理室、文书科、诉讼辅导科、研考科、总务科、法警室及联合服务中心,分别办理审判纪录、执行、诉讼案件资料的搜集、编卷文书、诉讼辅导、业务研究发展与工作管制考核、资料保管、财务管理、法警指挥监督及单一窗口便民服务等事项。另设人事室,办理人员管理、职员任免、奖惩及员工福利事项;会计室掌管岁计、概算、预算、决算之编列及控制财务收支等会计工作;统计室掌管司法统计有关事项;政风室掌管人事查核、风纪考核及财产申报等事项;信息室掌管信息行政管理等事项。

高雄少家法院作为台湾地区首创的专业法院,在审判、调查保护及其他业务方面,有各项具体措施及特色,不同于一般法院单纯的司法审判色彩,兼具有司法性、教育性、社会性、保护性及福利性的特性。

一是秉持保护优先及教育优先精神。高雄少家法院处理少年事件,除有绝对必要,否则尽量不移送检察官以少年刑事案件处理。即使移送检察官,经检察官提起公诉,如认定少年犯罪情节轻微、显可悯恕,也可以改依少年保护程序处理。2012 年高雄少家法院新收及旧存案件共计 6435 件,其中以调查事件结案 1921 件,以保护事件结案 1249 件,以执行事件结案 1426 件,以其他事件结案 1302 件,而以刑事案件结案只有 39 件(当年新收仅 32 件),也就是说少年事件只有不到 2% 的案件最终按照刑事案件处理。在决定少年处遇的过程中,不以监禁、处罚少年为手段,而是以教育、辅导的方法,达到矫治少年性格及行为,防范其犯罪,保障其健全成长,并兼顾维护社会秩序的目的。在少年事件处理中,随时考虑到少年的个别情况,做最有利于少年悔改迁善的处遇。即使是较为严重的少年刑事案件,也坚持保护和教育优先理念,采用人性化、柔性化的审判方式,不同于普通成人刑事案件。

二是法官专业久任制度。少年法官在任职前,均需接受"司法院"举办的少年法院法官专业训练,研习青少年心理、教育、辅导咨商、精神医学、社会学及亲职教育等专业课程,除了审判案件所用法律知识外,还以少年的长远发展及身心健全的处遇为研习内容。由于少年犯罪涉及多方面的问题,并非轮替办案的法官可以完全理解,少年法官接受专业研习,接触少年事件以来,深知此项工作责任重大,除了不断吸收新知识外,还长期担任此项审理工作。

三是少年调查官全程参与制度。少年调查官参与审判,是少年事件处理的特色之一。在少年尚未接受法官审理之前,先由少年调查官进行审理前调查,了解少年的身心状况、家庭、生长环境、教育及交友等各项情况,分析后提出个案调查报告,于开庭之前交由法官参考。在开庭时,少年调查官需出庭陈述对少年处遇的意见,供法官参考,并参与协商审理,与法官、少年及其法定代理人等人，共同讨论研商少年之处遇及未来辅导矫治计划，使少年能得到最妥适的处理。

调查保护由少年调查官、少年保护官负责办理，主要业务有七项，包括审理前调查、转介处分、交付观察、假日生活辅导、保护管束、安置辅导、亲职教育辅导（详见附件1）。

四是协商式审理方式。协商式审理在少年事件审理上是一项崭新方式，具体做法是在法官及少年调查官就少年的身心状况、行为背景及成因、犯罪过程先做必要的调查与了解后，由法官主导，在少年调查官、少年、少年的法定代理人或现在保护少年之人及辅佐人共同参与下，做充分沟通后，寻求出对于该少年最有效的辅导矫治方式。经由少年及其法定代理人或现在保护少年之人的参与和认同，法官即可将该协商确定的保护处分方式及内容当庭宣示，记明于笔录，即完成该事件的裁决。协商式审理，法官一般不用撰写裁定书类，程序比较简化。

五是个别化与多样化的处遇方式。少年偏差异常行为的发生，有其个别与特殊的行为背景与成因。高雄少家法院在处理少年事件时，根据少年调查官的个案调查报告及少年的特性，施以适当处分，采取多样化的处遇方式，依据个别少年需要，分别处以转介处分、训诫、假日生活辅导、保护管束、劳动服务、安置辅导、感化教育或徒刑等处分，并且在原有处分无法收保护功能时，可以转换成其他处分，非常灵活。

六是注重社会资源的连接整合。少年犯罪的成因，除少年自身的因素外，家庭、学校、社会各界也应有相当的责任。有效处理及矫治少年犯罪应当结合社会各界力量，共同推动各项辅导及预防措施。高雄少年法院自成立后，积极开拓及整合辖区内教育、社政、警政、福利、医疗、教养、就业、矫正、慈善机构与其他社会各界资源，召开联席会议，共同推展各项少年保护辅导活动与各项少年犯罪防治工作，包括引进分级辅导评估机制、推动性侵害受保护处分少年小区处遇、建立精神科医师心理卫生咨询服务制度、试办受感化教育少年处遇计划、推动各项少年法治教育、办理多样化辅导活动、召开学术及实务研讨会、发行高雄少年院刊、加强与各社会资源网络的联结及国际交流等工作，均有显著成效。

二、收获和启示

台湾地区在少年权益保护方面，有先进的理念、完善的立法、健全的机构、专业的法官和调查保护官团队以及全社会的共同努力,这些都令人感触颇多,深受启发。台湾地区关于少年事件处理的法律制度,起步很早,借鉴了世界各国少年司法先进经验,历经反复思辨和变迁,目前已相对成熟。大陆和台湾地区同根同源,文化相通,两岸少年司法在预防违法犯罪、全面维权方面,目标相同,做法相近。台湾地区发展多年的少年法治,值得我们认真学习借鉴。

一是强化未成年人司法保护理念。台湾地区将少年事件的处理作为一项特殊的专业性工作,秉持"以保护代替监禁,以教育代替处罚"的理念,立足于少年的善良性、可教育性和发展性,将审判与心理、教育、福利和社会工作结合在一起,采取符合少年特点的保护、教育和惩治措施,促进了少年健全的自我成长。高雄少家法院更是坚持"将每一个少年当成自己的孩子看待,永不放弃保护与关怀"的理念,积极推行各项特色工作,营造最有利于少年成长的环境;为了保障少年的利益,在人、财、物的投入上真正做到了不计成本。可以说,正是有了台湾地区社会以及法官对待少年的先进理念,台湾地区少年审判工作才得以取得突出成就。

大陆自1984年成立第一个少年法庭以来,对涉罪未成年人坚持贯彻"教育为主,惩罚为辅"的原则和"教育、感化、挽救"的方针,对民事案件涉诉未成年人坚持"特殊、优先保护"的原则,有力地保障了未成年人的合法权益,教育挽救了一大批失足未成年人。应当说,大陆与台湾地区在少年审判的理念上是相通的。大陆的少年法官们甘于奉献、公正司法,为保护未成年人倾注了极大的爱心、耐心和工作热情,以尚秀云、李其宏、詹红荔为代表的优秀少年法官们被亲切地誉为"法官妈妈",赢得了社会的广泛赞誉。对此,台湾地区少年法官们也是非常认同的。

遗憾的是,大陆社会对未成年人的保护理念并没有完全深入人心,近来媒体经常报道的"溺亡"、"虐待"、"性侵"事件,反映出大陆在未成年人保护方面的理念和制度缺失。由于社会对未成年人保护的认识还不够到位,大陆法院少年法庭在做审判延伸工作时,经常遇到沟通障碍。即使在法院内部,对待少年审判工作也存在不同看法。

胡适先生曾说过:看一个国家的文明,只需考察三件事,首要的一件事就是看他们怎样对待孩子。一个国家对待孩子的态度,决定了一个民族的未来。当前,大陆侵害未成年人合法权益的违法犯罪时有发生,未成年人违法犯罪情况也不容乐观，国家在未成年人保护方面责无旁贷，少年司法作为未成年人保护的最后一道防线，任重道远。国家应当更加关注未成年人保护工作，采取一系列必要的措施，如加强立法、设立机构、完善机制、增加投入等，保障未成年人的合法权益，促进未成年人全面发展。人民法院要进一步转变观念，增强未成年人司法保护理念，从国家发展、民族复兴的高度，从尊重未成年人自身成长规律出发，充分认识少年法庭工作的重要意义，提高做少年审判工作的责任心和使命感，加大少年法庭的各项投入，加强少年法庭的机构和队伍建设，将未成年人"特殊、优先保护"原则落实到每一项工作中。

二是推动未成年人立法工作。制度化是少年司法专业化、可持续发展的前提和基础。台湾地区少年及家事法院的成立，在法院配置少年调查官、保护官、心理测验员、心理辅导员等专业辅助人员，以及与社政、警政、医院、社会团体等资源单位的有效连接，在"少年事件处理法"中都有明确规定。正是有了比较完善的立法基础，少年事件的处理才得以由司法本位主义向司法跨界、整合资源顺利转变，也才能够保证法院与社会资源连接时不单纯依靠热情。

大陆目前关于少年的立法，有未成年人保护法和预防未成年人犯罪法两部专门法律，刑事诉讼法中有未成年人刑事案件特别诉讼程序。大陆未成年人保护法与台湾地区"儿童及少年福利法"的立法精神、目的和原则相似，都是对家庭、学校、社会在保障未成年人权益、促进其健康成长等方面作出规定。大陆预防未成年人犯罪法结合刑事诉讼法的专章规定，与台湾地区"少年事件处理法"比较类似，都是规定未成年人不良行为、违法行为以及犯罪行为的预防和矫治。

两岸不同的是，台湾地区的立法非常精细、专业，可操作性很强，只要严格执行法律的规定即可。而大陆的法律则是粗线条的，除了刑事诉讼法未成年人诉讼程序的规定有较强的可操作性（法院、检察院、公安部还专门出台了配套司法解释、办案细则）之外，未成年人保护法和预防未成年人犯罪法两部法律基本上都是宣誓性条款，在设置专门机构、各部门衔接配合、监护监管失责的具体处罚措施等方面，均没有明确规定，导致不少条款缺乏可操作性。

司法实践表明，走上犯罪道路的未成年人，很大一部分是由于家庭、学校、社会在保护监管方面存在缺位，其合法权益得不到有效保障导致的，另外，之前已有不良或者严重不良行为的也不在少数。因此，全方位加强对未成年人的保护，预防矫治其不良行为，对于促进未成年人健康成长、预防犯罪至关重要。建议立法机关在未成年人立法方面改变"宜粗不宜细"的取向，修订、补充和完善可操作性强、权责明确、专业化、精细化的未成年人保护和预防犯罪立法。特别是少年司法专门机构、政府主管机构的设置，以及各部门的职责和工作配合，应当在立法中予以明确。

最高人民法院应当加强未成年人案件审判相关司法解释工作。《刑法修正案（八）》对未成年人犯罪作了较大调整，2006年施行的《关于审理未成年人刑事案件具体应用法律若干问题的解释》需要在此基础上进一步补充和完善。近年来，全国法院少年法庭积极探索涉少民事、行政权益保护的审判工作方式，已经形成了一些较为成熟的审判经验和工作机制，需要适时上升为司法解释。

三是成立试点少年法院。高雄少家法院是台湾地区第一家少年及家事法院，在审判环境、案件审理、资源连接等方面，更加专业化、柔性化，成效非常明显，在台湾地区乃至世界上都起到了很好的示范作用。高雄少家法院自成立以来，处理的少年非行再犯率逐年下降，特别是少年刑事犯罪重新犯罪率下降更为明显，从1999年的58%下降到2011年的5%和2012年的零再犯率。根据法律规定和现实需要，台"司法院"已择定大台北地区交通便利、机能完善及资源联结便利的地点，筹建北部少年及家事法院，此外，还计划在台湾地区中部和东部各建一所少年及家事法院。

高雄少家法院给人最大的启示是，只有专业的机构、专业的人员，才能开展专业的、精品的少年司法工作，才能更好地达到"儿童最大利益"的目标。当今世界，许多国家和地区不约而同地选择了少年法院模式，这是社会发展进步的重要标志。大陆一些经济发达、未成年人案件集中、少年审判工作和配套机制比较健全、交通便利的大中城市，比如上海、北京、广州等地，非常有必要也完全有条件成立少年法院。大陆少年法庭历经近30年的发展，创立了独具特色的审判工作制度和机制，少年审判机构不断发展壮大，专业化的少年审判法官队伍正在形成，这些令人瞩目的成就为少年法院的成立奠定了良好的工作基础；未成年人的特殊地位，人民群众对未成年人权益的高度关注，对少年司法工作的新要求和新期待，为大陆成立少年法院奠定了坚实的社会基础。如能在大陆成立少年法院，必将推动中国特色少年司法的创新发展，必将树立我国司法人权保障更加良好的国际形象，这不仅标志着我国未成年人司法权益保护工作迈上新的台阶，更标志着社会主义法治向更高层次迈进。

四是加强少年法官专业化建设。台湾地区少年法院法官有严格的遴选要求。台湾地区公务人员目前总量控制在 17 万人之内，"司法院"系统只有 1 万余人的编制，其中法官 1700 余人。对比台湾地区 2300 余万的人口，司法的人力资源并不充裕。即便如此，"司法院"依然保证了少年法官团队的专业性，少年及家事厅每年定期举办少年及家事事件相关研讨会，强化法官相关专业知识，并不定期举办与民间团体代表座谈会，建构双向沟通平台深化法官办理此类案件专业知识。另外，少年法官在案件审判上可以享有较为优厚的条件（少年法官审理案件数量要求比其他法官要少），目前台湾地区共有 73 名少年法官，人数虽然不多，但各有关法院都配置有少年调查官、少年保护官、心理测验员、心理辅导员等协助法官办理少年事件。

大陆 2012 年修订的刑事诉讼法第二百六十六条规定了未成年人刑事案件由"熟悉未成年人身心特点"的司法人员办理，最高人民法院配套司法解释第 461 条也对少年法庭法官的任职条件也作了相应规定。但目前大陆少年审判力量仍然存在专业性不够、稳定性较差等问题，由于少年审判工作比一般审判工作要付出更多的努力，而对法官的考评机制却不尽合理，导致许多少年法庭不能吸引优秀的法官，更谈不上长期留住优秀法官。少年法官较高的专业素质要求，应当有相应较高的待遇予以保障。最高人民法院和各高级人民法院应当研究少年法官制度保障问题，制定符合少年司法实际、有利于调动少年法官积极性、有利于切实提高审判质量和效率的绩效考核制度等，以严格的管理、较好的待遇促进少年法官队伍稳步、可持续发展；同时，进一步加大对少年法官的培训力度，以举办培训班、召开研讨会、互相学习交流等形式，提高少年法官的专业化水平。

五是借鉴未成年人案件审判工作制度。高雄少家法院处理少年事件，制度健全，工作专业、精细，其中调查官全程参与、协商式审理、个别化处遇、心理测验员、辅导员辅助法官工作等，都对人很有启发。大陆未成年人刑事案件审判也实行"圆桌审判"、情况调查、心理测评与干预、法庭教育等特色制度，许多做法与台湾地区很相近。但一些工作制度如情况调查和心理测评等，与高雄少家法院相比，开展得不够全面，也不够规范。可以参考高雄少家法院调查官全程参与的工作方式，在审理前对未成年人的背景情况、人格特征进行全面、彻底的调查，形成调查报告，供法官审理时参考，并逐步统一规范情况调查工作制度。有条件的法院可以参考心理测验员、辅导员辅助法官工作的方式，聘请专业心理咨询师提供服务。

尤其值得关注的是台湾地区家事事件的处理。为建立柔性亲民的家事司法制度，台湾地区于2012年通过并正式施行"家事事件法"，采取专业处理、合并处理、不公开审理原则。家事事件新制度主要有未成年子女参与调解或者开庭、社工陪同、程序监理人、家事调查官、暂时处分、交付子女及未成年子女会面交往等制度（详见附件1）。少年事件与家事事件无论在审判方式、连接资源、个别处遇等方面，都存在相通之处。少年与家事事件的处理一体化，已成为世界各国司法制度的趋势。大陆对此有自己的特色，这就是2006年最高人民法院开展的部分中级法院未成年人案件综合审判庭试点工作。综合审判庭代表了目前少年法庭发展的较高水平，成立以来在全面维护未成年人司法权益方面取得了很好的成效。2012年，中央政法委再次批准增加32家中级法院作为第二批试点单位。可以预见，越来越多的少年法庭将采取综合审判的模式。少年法庭审理未成年人民事案件，可以有选择地参考上述台湾地区家事事件工作制度，进一步完善正在探索中的社会观护、诉讼引导、立审执三优先等制度。

六是推动配套工作机制发展。高雄少家法院积极开拓及整合辖区内社会各界资源，各资源单位之间密切配合，形成合力，共同建立少年犯罪防治网，这让人非常羡慕。相比之下，大陆的"政法一条龙""社会一条龙"配套工作机制的实践运作还有一定差距。

2010年8月，中央综治委、公、检、法、司、团中央六部门共同发布的《关于进一步建立和完善办理未成年人刑事案件配套工作体系的若干意见》，明确规定了公、检、法、司在办理未成年人刑事案件中的相互监督、相互制约、相互衔接、形成合力的"政法一条龙"工作制度。大陆法院还积极联系工、青、妇、教等部门，建立"社会一条龙"工作机制，借助社会力量做好涉案未成年人保护和预防未成年人违法犯罪的工作。实践中，"两条龙"配套工作机制虽然取得了很大的进展，但仍然存在着衔接不好、沟通不畅、联系不频繁等问题。这些问题的产生，既有客观原因，也有主观原因。客观原因主要有人力物力不足、各地发展不平衡、制度不够健全等，比如未成年犯罪嫌疑人的单独关押问题，有的地方看守所受关押条件所限无法做到。主观原因主要是对未成年人权益保护重视不够、投入较少等。特别是"社会一条龙"工作机制，由于缺乏健全的工作制度，法院在开展延伸工作时基本靠宣传、靠群众的热情甚至是少数人的工作兴趣，参与者的工作没有物质保障，工作难以常态化。而台湾地区少年法院在与资源单位的连接方面，有明确立法，沟通顺畅，联系紧密，除了鼓励志愿者参与外，更多地是通过政府购买服务的方式，让民间组织参与少年事件处理的执行，真正形成了工作合力。

随着大陆经济社会的快速发展，负有保护未成年人合法权益职责的部门和组织不断增多，能够整合利用的社会资源也越来越多，愿意参与保护未成年人权益的单位和个人也不断增多，人民法院应当加强整合社会各种资源的意识和能力。但是，未成年人犯罪是一个涉及面很广的社会问题，产生的原因既有家庭、个人，也有学校、社会原因，可以说是一种社会"综合症"，必须依靠全社会的力量，实行综合治理。大陆对于有不良行为的未成年人，主要由学校、教委、团委、公安等部门负责教育、帮扶和矫治，不同于台湾地区由少年法院统一管辖的模式。因此，除了司法机关以外，政府各有关部门、学校、社会组织、团体等也应当采取积极措施参与预防、矫治未成年人违法犯罪的治理工作。鉴此，在大陆现行少年司法体制下，建议由中央综治委牵头，通过推动少年司法机构队伍专业化建设、增加少年司法专项经费投入（主要用于对社会团体、组织、个人参与少年司法工作的补助）、加强司法机关与相关单位的协作配合、促进政府购买社会服务、鼓励志愿者和爱心企业参与工作等形式，真正使大陆未成年人司法保护工作形成一个相对独立、高效、科学的工作系统，全面维护未成年人合法权益，有效预防青少年违法犯罪。

附：

台湾地区少年审判相关法律规定和制度

一、关于少年事件的定义和管辖

1. "少年事件处理法"第 2 条（少年之定义）：

本法称少年者，谓十二岁以上十八岁未满之人。

2. "少年事件处理法第 3 条（少年法院之管辖事件）：

下列事件，由少年法院依本法处理之：

一、少年有触犯刑罚法律之行为者。

二、少年有下列情形之一，依其性格及环境，而有触犯刑罚法律之虞者：

（一）经常与有犯罪习性之人交往者。

（二）经常出入少年不当进入之场所者。

（三）经常逃学或逃家者。

（四）参加不良组织者。

（五）无正当理由经常携带刀械者。

（六）吸食或施打烟毒或麻醉药品以外之迷幻物品者。

（七）有预备犯罪或犯罪未遂而为法所不罚之行为者。

3. "少年事件处理法第 85-1 条（七岁以上未满十二岁之人触犯刑罚处罚）：

七岁以上未满十二岁之人，有触犯刑罚法律之行为者，由少年法院适用少年保护事件之规定处理之。

二、关于少年法官的遴选

1. "少年事件处理法"第 7 条（院长、庭长及法官之遴选）：

少年法院院长、庭长及法官、高等法院及其分院少年法庭庭长及法官、公设辅佐人，除须具有一般之资格外，应遴选具有少年保护之学识、经验及热忱者充之。

前项院长、庭长及法官遴选办法，由司法院定之。

2. "少年及家事法院组织法"第 20 条：

少年及家事法院庭长及法官，应遴选具有处理少年或者家事业务之学识、经验及热忱者任之。

3. "司法院""少年法院院长、庭长及法官遴选办法"：少年法院庭长及法官，应就具有下列条件者遴任之：一、少年保护之学识。二、少年保护之经验。三、少年保护之热忱。少年保护之热忱，得由司法院办理性向及心理测验评量之，或以其他相当事实认定之。

三、关于调查保护业务

调查保护由少年调查官及少年保护官负责，主要业务有下列七项：

1. 审理前调查。由少年调查官负责。目的在于了解少年的人格及特质，了解少年生活环境，发掘少年在犯罪行为下所隐藏的特殊因素，调查后少年调查官应提出报告，并附具建议，作为法官决定少年处遇的参考。审理时少年调查官应出庭陈述调查及处理意见。

2. 转介处分。法官依少年调查官的调查结果，认为情节轻微，以不付审理为适当者，可裁定不付审理，并为以下处分：（1）转介儿童或少年福利或教养机关为适当辅导。（2）交付儿童或少年法定代理人或现在保护少年之人严加管教。（3）告诫。上述处分，均交由少年调查官执行。

3. 交付观察。法官为决定宜否为保护处分或应为何种保护处分，可以裁定将少年交付少年调查官为6个月以内的观察。少年调查官应将观察之结果附具建议，提出报告。

4. 假日生活辅导。是指对于初犯或恶性较轻之少年，利用假日施以辅导的一种社会性处遇。假日生活辅导由少年保护官执行，次数为3次至10次，由少年保护官视其辅导的成效而定，包括品德辅导、学业辅导、习艺辅导及勤劳辅导等。

5. 保护管束。是指对于可以不施以监禁处分的少年，将其置于社会，由专人或机关团体监督其遵守法院指定事项，积极辅导其重新适应社会生活的社会性处遇。保护管束由少年保护官负责。保护管束之期间不得逾3年，但成效良好时，执行满6个月后可裁定免除保护管束；成效不良时可撤销保护管束改施以感化教育。

6. 安置辅导。法院审理少年事件，发现少年家庭功能丧失或不彰，无法妥善教养时，可考虑少年的非行状况及个别需要，裁定将少年安置于福利或教养机构接受辅导。安置辅导之期间为两个月以上2年以下，必要时可裁定延长一次，并可视少年行为改变状况，裁定免除、变更安置辅导处所或撤销安置辅导施以感化教育。

7. 亲职教育辅导。少年的法定代理人或监护人，因忽视教养，致少年有触犯刑罚法律或这有触犯刑罚法律之虞的行为（受保护处分或者刑事处罚的），法官可裁定命其接受 8 小时以上，50 小时以下之亲职教育辅导，由少年保护官执行。

四、关于家事事件新制度

1. 未成年子女参与调解或者开庭制度。在父母对未成年人子女监护权归属或者会见交往方式有争执时，将未成年人子女的利益作为首要考量要素，而不是以父母的意愿为唯一标准。必要时，法院可以让未成年子女在法庭内、外，表达意愿或者陈述意见。

2. 社工陪同制度。为缓和未成年人、受监护或者辅助宣告之人情绪及心理压力，"家事事件法"规定法院必要时应通知主管机关指派社工或者其他适当专业人员陪同出庭，法院需采取适当必要措施，以保护其隐私、安全等规定。

3. 程序监理人制度。为加强保护当事人或者关系人的实体利益和程序利益，家事法制中设有程序监理人制度，代理当事人或者关系人（仅指未成年人或者受监护人，简称受监理人）进行法律上的程序行为，以保护他们的利益，并作为受监理人与法院间沟通的桥梁，协助法院迅速、妥善处理家事事件。程序监理人享有独立上诉权，由法院选任，可以是社区服务机构的工作人员、社工、医师、心理咨询师等。

4. 家事调查官制度。参考"少年事件处理法"少年调查官的设置，明确家事调查官根据法官的要求，就特定事项调查事实、收集材料，提出报告、出庭陈述意见，进行履行劝告及调查，或者连接相关资源，协助法官分析家事事件个案所需的专业辅导，进而引进社会资源，妥善处理家事事件。

5. 暂时处分制度。基于家事非诉事件的职权性和目的性，避免诉讼请求不能或者迟延实现产生的后果，"家事事件法"设置暂时处分制度，规范申请程序、管辖法院、处分内容、执行法院、发生效力时点、抗告程序、确定后的撤销、变更及失效时恢复原状等规定。

6. 交付子女及未成年子女会面交往。交付子女及会面交往事件的强制执行，涉及血缘家族间亲情关系，往往影响长期性的亲属生活关系，与一般财产事件执行具有一次性的特性不同，在执行时应当考虑采用未成年子女最佳利益的执行方式。

赴德考察培训少年审判情况的报告

谢 萍[*]

2012年8月19日至9月8日，应德中高级人才交流与经贸合作促进会（以下简称ASG）的邀请，山东省高级人民法院刘玉安副院长率山东法院代表团一行18人到德国法院考察学习少年审判制度。学习过程中，代表团的法官们积极参与，与德国的法官、律师等进行了深入沟通，对德国少年司法制度有了概括了解，进一步丰富和拓展了我国、我省少年审判制度的建设思路。

一、德国法院体系的基本构建

德国少年司法是德国司法制度的重要组成部分，依赖并融合于其中。考察期间，对德国司法体系模式的了解，成为我们在ASG培训中心学习的第一课。

（一）两种法院系统运行模式——联邦法院和州法院

德国是联邦制共和国，有16个州，采用联邦法院系统和州法院系统两种运行模式。联邦法院系统执行德意志联邦共和国制定颁布实施的法律，分为宪法法院、普通法院、劳动法院、行政法院、社会福利法院、财税法院六大法院。其中，联邦宪法法院地位超越其他各类联邦法院和州法院，是德国最高的司法机关和最具权威的宪法机构，负责解释基本法，调解联邦与州之间的纠纷和州与州之间的纠纷，审理公民起诉的侵犯宪法规定的有关人权的案件，以及监督其他5个联邦法院审判监督的权力。其他联邦专门法院作为终审法院，主要负责审理各州法院上诉案件的法律适用问题，以使德国法律得到一致的解释和发展。

德国各州法院系统也分为宪法、普通、劳动、行政、社会福利、财税六

---

[*] 山东省高级人民法院刑一庭副庭长。

大法院。州宪法法院只有一级，管辖违反州宪法的案件，负责审理源于各自州宪法的法律纠纷。对判决不服的，上诉到联邦宪法法院。各州其他的专门法院级别设置又有不同，如财税法院只有州一级法院，案件实行两审终审制，而行政、劳动和社会福利法院有地区和州高等法院两级法院，普通法院有初级、地区和州高等法院三级，案件实行三审终审制。州各法院最终的上诉和终审法院是相应的联邦法院。

（二）刑事案件的管辖和审判——四级三审终审制

德国刑事案件的管辖权和审判权设在普通法院。如前所述，州普通法院体系加上联邦（普通）法院共有四级。初级（普通）法院作为州（普通）法院的基层法院，审判组织有法官独任和法官加2名陪审员两种形式，负责管辖刑期最高4年的刑事案件。州地区（普通）法院相当于中级法院，管辖刑期4年以上的刑事案件以及不服初级（普通）法院判决上诉的刑事案件，有1名法官加2名陪审员、3名法官以及3名法官加3名陪审员三种审判组织，按照法律规定分别审理一审刑事案件和二审上诉案件。州高级（普通）法院不受理刑事上诉案件，只负责一审刑事案件和复审刑事案件的审判，分别由5名法官和3名法官组成合议庭进行审判。联邦（普通）法院是终审法院，主要是对下级法院案件的复审和各州高级（普通）法院判决差异的调整，由5名法官组成合议庭。

二、德国少年犯罪的社会预防及立法

在德国法院、青少年俱乐部协会、司法部社会服务部等机构座谈时，我们了解到，德国目前的青少年犯罪形势依然严峻，青少年犯罪率为57.46%，犯罪活动涉及社会各个公共领域，其中土耳其、摩洛哥等国家的外来人口居多。2011年，德国青少年犯罪人数为6184人，其中16~18周岁的有600人，14~16周岁的有340人。对此，德国政府一直给予高度关注并采取很多预防措施。

（一）对少年犯罪的早期预防——《少年福利法》

毫无疑问，对少年特别是一些有犯罪倾向或者严重犯罪倾向的少年采取一些特别的教育和保护措施更为必要。据德国法兰克福法院 Heyter 法官介绍，德国1922年就颁布了《少年福利法》，对14岁以下的犯罪少年连同流浪儿童、残疾儿童、受害儿童等都由少年福利局配合法院对他们进行保护性处置，少年福利局也有协助少年法院工作的义务。学习期间，我们分别到杜塞尔多夫的青少年福利局、柏林青少年俱乐部协会进行了参观和座谈。① 这些机构主要负责对13~21岁离家出走的青少年、对受父母虐待以及因为父母赌博、吸毒而不尽抚养义务的青少年提供帮助。在俱乐部，工作人员根据每个青少年的具体情况，帮助他们解决实际困难和问题，如为他们找工作、办月票、提供心理咨询和律师服务等，各项工作旨在为少年提供协助和保护而不是刻意干预。德国目前有30%~35%的青少年的价值观属于西方价值观体系之外，为及时对他们进行帮助和指导，减少犯罪，德国各州政府也开展了如"street walk"② 等一些项目，对这些可能犯罪的重点人员进行监督、分析和帮助。另外，机构的经费纳入当地财政预算及个人捐款和企业捐助。

（二）德国少年的大宪章——《德国少年法院法》③

德国是较早建立少年司法制度的国家之一。1923年颁布的《少年法院法》是少年刑事法律的代表，是德国社会保护青少年成长的大宪章。该法主要规定少年案件的处理机构和区别于成年人的诉讼程序及处理内容，是一部集实体法、程序法和组织法为一体的综合性少年法。该法自1941年起先后进行数次修改，特别是1963年以后的多次修订，受当时德国著名的刑法学家、教育刑论的倡导者李斯特的影响，更加关注刑罚的目的在于改造、教育犯罪人而不仅仅是为了报应和预防犯罪，使德国少年立法朝着教育刑方面发展。德国现行的《少年法院法》是2000年12月新修订的，充分显现了德国对犯罪少年的教育目的。如德国《少年法院法》中规定的对犯罪少年可以进行指导、训诫、移送教养机构等处理方式，在形式上与刑罚并列，但它们几乎都以教育为目的和内容，有的直接就以教育手段为名称。"教育刑模式"成为德国少年司法最突出的特色。

---

① 尽管翻译的名称不同，但机构的职能一致。
② "street walk"项目：青少年福利局的工作人员开车到青少年聚集区寻找离家出走的人，将他们带回俱乐部提供具体的帮助。
③ 德国的《少年法院法》系直译。但事实上，德国的"少年法院"并不是一个独立的法院，而是隶属于普通法院的一个审判部门。故本文后文对德国的少年审判机构统称为"少年法庭"。

三、德国少年审判制度的基本特征

德国是典型的大陆法系国家，少年审判制度的基本框架构与我国相同。但由于国家政治、经济、文化的差异，少年审判制度的具体构建也有很多不同。主要表现为：

（一）实体方面

1. 保护主体宽泛——包括犯罪少年①和未成年青年

与我国少年法庭正在推进的少年刑事、民事和行政案件的综合审判模式不同，德国的少年法庭只审理少年刑事案件，但受案范围与我国不同。适用对象为少年（犯罪时已满14岁不满18岁）和未成年青年（犯罪时已满18岁未满21岁）两类。14岁以下犯罪的儿童，即使罪行非常严重，都不能进行审判，而应当由社会管理局负责。对14~18岁的犯罪少年，法官首先审查思想的成熟程度是否与其罪行相适应，有疑问的，通过医疗医师进行评判，决定是否可以接受审判。对18~21岁的，法官会依据下列法定条件确定被告人是否可以适用少年法院法：（1）作案人在行为时，按其道德的发展和智力发育来看还同少年一样；（2）按其行为方式、情况、动机来看，属于少年过错。

2. 少年处罚的多样化——教育刑为主和处罚的层次性

德国对犯罪少年重教轻罚，制裁方法以教育和纪律性的措施为主，绝对排除了生命刑、役刑、财产刑和权利刑，刑罚总是最后的、不得已而采取的手段。据统计，德国的犯罪少年中仅有16%的青少年受到刑事处罚。当然，这与德国的立法体系也有很大关系。德国刑法中所称应判处刑罚的行为较我国犯罪行为的概念相比，更为宽泛，一些犯罪行为与我国行政违法行为的概念交叉覆盖。德国少年司法中的处罚措施包括：（1）教育处分。教育处分主要是对犯罪少年进行指示和教育帮助，有必要可以收容于精神病院或戒除瘾癖的机构进行治疗。（2）惩戒措施。惩戒措施主要包括警告、规定义务和少年禁闭。例如，如尽力补救其行为造成的损害、亲自向被害人道歉、向公益机构支付一定数额的金钱等。惩戒比教育的处罚更严厉一些，但和教育

---

① 鉴于德国少年司法制度保护的主体较为宽泛，包括14~18岁的少年和18~21岁的未成年青年。所以，为避免繁琐，本报告中全文使用都是"少年"二字。

处罚一样都不属于刑罚措施。(3)即使对犯罪少年适用刑罚,也有严格限制。对18岁以下的少年犯而言,最短监禁刑6个月,最长不能超过5年。犯重罪,依刑法应当判处10年以上自由刑的,最高的少年刑罚仅为10年。德国每年仅有3%左右的少年犯被判处监禁刑。

3. 特别的刑罚缓刑制度①——罪和刑都可失效的缓科

在座谈中我们了解到,其中的缓刑适用率为50%,较低的监禁刑率与教育刑刑罚观、立法丰富的非监禁化处置措施相得益彰。德国缓刑制度内容丰富,最有特色的是与我国缓刑相区别的缓科制度。即对依法可能被判处1年以下刑罚的青少年犯罪案件,经过社会调查,仍无法确定少年的违法犯罪行为所表明的危险倾向程度,判处其刑罚又确有必要的,可先判决该少年的罪责,同时对拟判处的刑罚予以缓科,并规定一定的考验期。考验期内,犯罪少年承担一定的责任义务,如赔偿被害人损失、接受心理治疗、不得接近被害人等。考验期一般为1至2年。如果少年在考验期间有犯罪倾向并达到非判不可的程度,法官可判处原来决定的刑罚,如果没有发生应当撤销缓刑的特定事由,有罪判决就失效,罪和刑都消灭。

4. 缓刑执行——专门的机构和人员

德国各州都有执行缓刑的专门机构。有的是成年人和少年缓刑执行在一起的,有的是分开的。例如,我们参观的柏林德国司法部社会服务部负责成年人和少年的缓刑,而柏林的青少年缓刑管理中心仅负责少年缓刑。法官作出判决后,管理中心将安排专门人员做这项转化服务,一方面帮助和照管被考验人,引导他们过上健康安全的生活。例如,犯罪的少年大多数是小学毕业,对需要读书的,工作人员会帮助孩子们继续上学。对那些吸毒、饮酒犯罪的人和心灵受到创伤犯罪的人,会提供心理、医疗服务,包括法律咨询、培训、找工作等。另一方面,监督缓科少年履行法院命令的义务和指示,判断其是否有危险因素或再犯危险。青少年的缓刑期一般为两年,对缓科少年缓刑期间的表现,工作人员按照法院规定定期报告,半年期间表现良好的,可以减刑,一般可减为半年。对严重违反义务、指示、建议和承诺的行为或屡教不改的,将报告法院,撤销判决,执行刑罚。

---

① 德国的缓刑是广义的缓刑,凡是有条件地不执行全部或者部分监禁刑罚,都称为缓刑。其将我国所谓的"假释""赦免"等制度一并纳入缓刑的范畴。

（二）程序方面

1. 专门的少年审判组织——初审与上诉审少年法庭分离

1908 年，德国第一个少年法庭在科隆成立，随后法兰克福也成立少年法庭。少年法庭设在初级法院、地方法院之内。在州的初级和地区（普通）法院，都有专门审理少年犯罪案件的少年法庭，它们属于法院的内部机构，与我国目前各级法院中的少年法庭类似。比较有特点的是，根据案件审理程序，除初级和地区（普通）法院都有初审少年法庭外，地区（普通）法院还设置了专门审理上诉案件的少年法庭。这类少年法庭根据案件性质大小，又区分为上诉的大、小少年法庭两类，并规定了不同的审判组织。其中，上诉的小少年法庭由 1 名法官与 2 名陪审员组成合议庭；上诉的大少年法庭由 3 名法官或 3 名法官和 3 名陪审员组成合议庭审理青少年上诉案件。

2. 彻底不公开审理——不公开开庭和不公开宣判

我国新刑事诉讼法在审理未成年人犯罪案件的"特别程序"中规定，"审判的时候被告人不满十八岁的案件，不公开审理"，但根据新刑事诉讼法对"宣告判决，一律公开进行"的要求，我们审理的未成年人犯罪案件，都应该公开宣判。德国规定对少年法庭审理的案件，不仅不公开开庭，也不公开宣判，严格保护青少年的隐私。当然，为了教育目的，审判长可以允许被害人、被告的监督人等其他人出庭。另外，在讼程活动中，对被调查的犯罪少年心理、精神和性格方面的情况，如果告知监护人、法定代理人、学校及教师或职业培训中的师傅等会对少年造成不利后果的，尤其是可能会使该少年失去学习培训的机会或工作岗位的，也不予告知。

3. 社会调查——与案件事实调查同步

德国在分析少年犯罪原因和处理少年案件时，也充分关注犯罪本身以外的非法律因素，如性格、家庭、成长背景、阶层归属、社会交往等影响。与我国多年实践而刚刚立法的社会调查制度相比，德国的社会调查制度相对成熟。一是社会调查主体相对固定。德国少年法庭帮助机构（少年福利局和少年教养救助会）是具体承担上述调查工作的机构，负责向少年法庭提交书面报告，并提出应采取的措施，供少年法庭参考。二是从诉讼程序开始后即刻介入。在整个诉讼程序中，社会调查工作机构都及时参与其中，案件事实调查和少年个人情况的社会调查同步进行。三是调查报告的证据效力。社会调查报告完成后，工作人员及时提交给少年检察官，移送起诉时，少年检察官将社会调查报告与卷宗一起移送少年法庭。开庭时，法庭应当通知社会调查人及调查报告中所涉及的相关人员以证人的身份出庭接受询问。否则，少年法庭在判决中不得引用社会调查报告的内容作为判决的事实基础或依据。另外，德国少年法官和少年检察官在必要的时候，也可以启动社会调查报告程序。

4. 证人出庭——即时获得补偿及特别保护

在杜塞尔多夫法院，我们旁听了一起少年法庭审理的少年入室盗窃案。出庭作证的证人被询问结束后，直接从法官手中领取一张纸。休庭期间，法官向我们介绍说，证人根据纸上记载的时间、地点及有关情况可以直接到政府领取赔偿金。在德国，证人出庭作证后都有权依据专门的《证人鉴定人补偿法》要求获得各种补偿，如误工损失、旅馆费等作证费用，以及为保护人身安全而改换姓名、调换住所及整形等发生的费用。在德国，儿童也是需要特别保护的证人，对儿童询问时应在特别的房间里进行，儿童作证应获得律师帮助，应有律师在场，必要时，可以通过视频来进行。另外，儿童和其他需要得到保护的证人在一定条件下还可以获得律师帮助，特别是那些严重犯罪行为的受害人不仅可以获得律师帮助，而且律师费用由国家承担。

5. 犯罪记录消灭制度——消灭的彻底性

与我国新刑事诉讼法确立的少年犯罪记录封存制度不同，德国是将符合条件的少年的犯罪记录彻底消灭，而不是封存，制度的具体内容也有不同。一是时间条件。德国犯罪少年服刑期满或免刑2年后可以启动申请程序，但又有除外情形，即消除前科记录对被判刑少年显得特别重要的，不在此限。二是申请条件。除符合条件的本人或其家长、法定代理人、检察官等人可以提出申请外，少年法官也可依职权主动宣布符合条件的被判刑少年消除前科记录。三是消灭条件。少年法官会委托监督机构，对被判刑人的行为及考验情况进行调查。少年法官也可自行调查。经调查确认少年已改邪归正，由法院通过决议的形式取消刑事污点。如果认为消除前科记录的条件尚不具备，可延迟裁判，延迟时间最多不得超过2年。

四、德国少年司法制度对我国的借鉴意义

用他山之石，建造中国少年审判之殿堂，是建设我国司法制度的重要经验，也是我们考察德国少年司法制度的重要目的。

（一）将少年保护理念延伸，扩大少年司法主体

德国少年司法对少年崇尚教育和保护，与我国少年司法"教育为主，惩罚为辅"的原则和"教育、感化、挽救"的方针一脉相承，但保护内容和程度又有不同，有些方面值得我们学习和借鉴。例如，德国少年法庭受理的案件范围不仅有已满14岁不满18岁的未成年人，还包括已满18岁未满21岁的成年人。他们认为这一年龄阶段的成年人与未成年人在心理方面具有一定程度的相似性，也需要国家的特别保护。这一做法有学者称为甫成年人制度。① 事实上，我国包括我省也有部分少年法庭将犯罪的在校成年学生作为少审案件，有的还将18～25岁的所有成年人犯罪案件一并进行管辖。这些做法仅仅是探索，并没有法律依据。而德国的甫成年人制度对我们具有启发性，特别是对在校大学生而言，他们往往是刚刚成年的人，由于缺乏社会经验，身心发育成熟程度与未成年人无异，因此对这些大学生，准用少年司法制度，切实保护他们的成长。

（二）将少年审判方针渗透，确保程序精细运行

在总结全国少年司法改革经验的基础上，今年新修订的刑事诉讼法中增加了"未成年人案件诉讼程序"一章，但与少年司法实践的需要相比，这些规定还过于原则。而德国少年司法制度的一些做法可以给我们提供一些借鉴。例如，德国的少年被告在法庭上不是居中接受审判，而是与其监护人、辩护人坐在一起，时刻能感受到来自亲人和朋友的关怀。在我国，审理少年犯罪案件普遍采用"圆桌审判"模式，在一定程度上缓解了少年的紧张情绪，但也存在"形式有余，内容不足"的问题，庭审中严肃的气氛、法官呆板的教育方式无法渗透对犯罪少年的关怀。今后，可以尝试让犯罪少年和律师、法定代理人坐在一起，进一步减少对犯罪少年的诉讼伤害。再如，我国的社会调查制度也应当按照新刑事诉讼法的有关规定，参照德国案件事实调查与社会调查同步进行的做法，从公安、检察阶段即开始。这样，不仅可以尽早了解犯罪少年的基本情况，还能在诉讼活动中对他们的学习、工作和生活给予照顾。

---

① 我国台湾地区的沈银和先生在《中德少年刑法比较研究》中有此称谓，即刚刚成年的人。

（三）将少年犯罪预防一体化，整合社会防控力量

从预防少年犯罪的角度看，国家对不良少年或严重不良行为少年的强制干预和保护是多维度的，需要通过诉讼活动中的惩罚、教育预防青少年再犯罪，需要对问题青少年提供帮助和指导预防犯罪发生，更需要国家和政府各个部门共同参与，促进和保护儿童权利的实现。近年来，我国中央综治委、团中央正在开展重点青少年群体教育和预防犯罪试点工作，预防有不良行为和有严重不良行为的青少年犯罪和重新犯罪。相比较而言，德国的犯罪预防机制或者说青少年早期福利保护机制和体系更严密，部门更明确，职责更具体，而我国预防未成年人违法犯罪的职能部门多、杂，职责又缺乏法律上的强制力，为提供青少年违法犯罪工作的有效性，建议国家对负有保护未成年人职责政府部门的职责重新进行整合，加强这一工作机制的强制性和有效性。

古语云：淮南橘，而淮北枳。任何事物都有其自身赖以生存的环境和条件，对德国少年司法经验的学习和借鉴，必须结合我国政治、经济、文化、司法制度的实际情况，坚持以我为主，才能真正实现他山之石，为我所用，才能推动我国少年审判在中国司法制度这片深厚的土壤中开出朵朵鲜花！

香港特别行政区未成年人监护条例*

史志君（整理）*

第Ⅰ部 导 言

第一条 简称

本条例可引称为《未成年人监护条例》。

第二条 释义

在本条例中，除文意另有所指外——

"父母"指父亲或母亲；

"法院"指原讼法庭或区域法院；

"赡养"包括教育在内；

"赡养令"指——

（a）根据第10（2）（b）、11（1）（b）（ii）、12（b）（ii）或13（2）（b）、（3）（a）或（4）条发出的定期付款命令；或

（b）根据第10（2）（c）、11（1）（b）（iii）或12（b）（iii）条发出的有保证定期付款命令；或

（c）根据第10（2）（a）、11（1）（b）（i）、12（b）（i）或13（2）（a）条发出的支付一笔款项的命令。

第Ⅱ部 一般原则

第三条 一般原则

（1）有关未成年人的管养或教养问题，以及有关属于未成年人或代未成

---

* 生效日期：2007年11月23日。
* 四川省成都市中级人民法院未成年人案件审判庭庭长。

年人托管的财产的管理问题,或从该等财产所获收益的运用问题——

（a）在任何法院进行的法律程序中（不论该法院是否第 2 条所界定的法院）——

（i）法院须以未成年人的福利为首要考虑事项,而考虑此事项时需对下列各项因素给予适当考虑——

（A）未成年人的意愿（如在顾及未成年人的年龄及理解力,以及有关个案的情况后,考虑其意愿乃属切实可行者）;及

（B）任何关键性资料,包括聆讯进行时社会福利署署长备呈法院的任何报告;及

（ii）在上述管养、教养、财产管理或收益运用等问题上,法院无须从任何其他观点来考虑父亲的申索,是否较母亲的申索为优先,或母亲的申索是否较父亲的为优先;

（b）除（c）段所适用者外,母亲所享有的权利及权能,与法律赋予父亲的相同,而父亲及母亲双方的权利及权能同等,并可由其中一方单独行使;

（c）凡有关的未成年人为非婚生子女者——

（i）则母亲所具有的权利及权能,与该未成年人若是婚生则该母亲凭借（b）段而具有的权利及权能一样;

（ii）父亲所具有的权利及权能（如有的话）,只为该名父亲根据（d）段作出申请后法院所命令者;

（d）原讼法庭或任何区域法院法官,在接获申请后,如信纳申请人为某名非婚生子女的父亲,则可发出命令,示明申请人具有某些或所有假若该未成年人为婚生时法律所赋予他作为父亲的权利及权能。

（2）第（1）（a）款对根据第（1）（d）款提出的申请有效。

第四条　放弃父母权利的协议不能执行——

（1）男方或女方就全部或部分放弃第 3 条所提述有关其对子女的权利及权能所订立的协议不能执行,除非协议乃夫妇之间订立,并仅于他们有婚姻关系,但已分居期间施行,则协议可订明其中一方可如此做;但法院如认为执行夫妇之间此等协议不符合子女的利益,则该等协议不得获法院执行。

（2）任何未成年人的父亲或母亲如在任何影响该未成年人福利的问题上意见分歧,其中一方即可向法院申请发出指示;而除第（3）款另有规定外,法院可就意见分歧的事项,发出其认为适当的命令。

（3）第（2）款并不授权法院就未成年人的管养问题或其父亲或母亲探视未成年子女的权利，发出任何命令。

（4）法院根据第（2）款发出一项命令后，如父母其中一方提出申请，或父母其中一方去世后任何监护人提出申请，或对有关未成年人拥有管养权的任何其他人士（于父母其中一方去世之前或之后）提出申请，法院可另行发出一项命令，将上述命令更改、解除、暂时撤销或于暂时撤销后予以恢复。

（5）任何规定父母在影响未成年人的事项上必须双方同意的成文法则，其实施不受本条影响。

第 III 部　监护人的委任、罢免及权力

第五条　尚存父母的监护权利

除本条例另有规定外，在未成年人的父母其中一方去世后，尚存的一方（如有的话）须单独或联同已去世的一方所委任的监护人，充任未成年人的监护人；此外—

（a）如已去世的一方并未有委任监护人；或

（b）如已去世的一方所委任的监护人去世或拒绝充任监护人，则法院如认为适当，可委任一名监护人与尚存的一方共同充任监护人。

第六条　父母委任遗嘱监护人的权利

（1）未成年人的父母可借订立契据或遗嘱，委任任何人于其去世后充任未成年人的监护人。

（2）任何如此获委任的监护人，须与尚存的父母（如有的话）共同充任监护人，除非尚存的父母提出反对，则作别论。

（3）尚存的父母如提出反对，或如此获委任的监护人倘认为尚存的父母不适宜管养有关的未成年人，则该监护人可向法院提出申请，而法院可—

（a）拒绝发出任何命令（在此情况下，尚存的父母须继续为唯一监护人）；或

（b）发出命令，规定如此获委任的监护人—

（i）须与尚存的父母共同充任监护人；或

（ii）须为该未成年人的唯一监护人。

(4) 如一名以上监护人由父母双方委任，该等监护人在尚存的父母去世后，须共同充任监护人。

(5) 法院如已根据第5条委任某人与尚存的父母共同充任监护人，该人于尚存的父母去世后，须继续充任监护人；但尚存的父母如已委任监护人，则法院所委任的监护人须与尚存的父母所委任的监护人共同充任监护人。

(6) 如监护人并非其所监护的未成年人的父母，法院可授权他收取法院认为其充任监护人的适当报酬。

第七条　法院为无父母的未成年人委任监护人的权力

未成年人如无父母，亦无人身监护人或其他对其拥有父母权利的人，法院在接获任何人提出的申请后，如认为适当，可委任申请人为未成年人的监护人。

第八条　原诉讼法庭罢免或更换监护人的权力

原讼法庭如信纳将任何遗嘱监护人或将任何凭借本条例获委任或充任监护人的人罢免可促进有关未成年人的福利，即可酌情将该人罢免。此外，原讼法庭如认为委任另一名监护人代替如此被罢免的监护人可促进有关未成年人的福利，亦可委任另一名监护人代替该名被罢免的监护人。

第九条　共同监护人之间的争执

如有2名或以上的人共同充任未成年人的监护人，而在影响未成年人福利的问题上他们未能意见一致，则其中任何一名监护人可向法院申请发出指示，而法院可就上述意见分歧的事项，发出其认为适当的命令。

第Ⅳ部　管养及赡养令

第十条　父母其中一方申请发出管养及赡养令

(1) 未成年人的父母其中一方或社会福利署署长如提出申请（父母可在无起诉监护人的情况下申请），法院在顾及未成年人的福利及父母双方的行为和意愿后，可就下述事宜发出其认为适当的命令——

(a) 未成年人的管养；及

(b) 父母其中一方探视未成年人的权利。

(2) 就某一未成年人而言，不论凭借根据第（1）款的命令或其他事情而在法律上对该未成年人有管养权的人如提出申请，法院可就该未成年人发出以下任何一项或多于一项命令——

（a）规定该未成年人的父亲或母亲向该申请人支付一笔款项的命令；该笔款项（不论是整笔或分期支付）乃用以应付该未成年人的当前及非经常需要，或用以应付此项命令发出前因赡养该未成年人而合理招致的债务或支出，或用以应付上述两者，款额为法院于顾及该名父亲或母亲的经济状况后认为合理者；

（b）规定该名未成年人的父亲或母亲定期向该申请人支付款项的命令；该款项乃用于该未成年人的赡养，款额为法院于顾及该名父亲或母亲的经济状况后认为合理者；

（c）规定该名未成年人的父亲或母亲向该申请人保证（以令法院满意为准）定期支付款项的命令；该款项乃用于该未成年人的赡养，款额为法院于顾及该名父亲或母亲的经济状况后认为合理者；

（d）规定该名父亲或母亲将某项财产移转予该未成年人或为该未成年人的利益而移转予该申请人的命令；该项财产须属该名父亲或母亲有权享有（不论是管有中的财产或复归财产），且是法院于顾及该名父亲或母亲的经济状况后认为合理者；

（e）规定该名父亲或母亲为该未成年人的利益作出授产安排（以令法院满意为准）的命令；该项财产须属该名父亲或母亲如此有权享有，且是法院于顾及该名父亲或母亲的经济状况后认为合理者。

（3）即使该未成年人的父母当时一同居住，法院仍可根据第（1）或（2）款发出命令，但——

（a）在父母一同居住期间，该项命令不能执行，亦无人须承担命令所规定的法律责任；及

（b）父母如于该项命令发出后3个月内仍继续一同居住，该项命令即停止生效；

但命令如规定由父母以外的人管养未成年人，或命令乃与交由父母以外的人看管的未成年人有关，则（a）及（b）段皆不适用于该等命令的任何规定，除非法院在发出该等命令时另有指示。

（4）法院根据第（1）款发出命令或根据第（2）款发出命令后（规定支付整笔款项的命令，分期支付一笔款项的命令而该等分期支付的款项已悉数支付者，或移转财产的命令除外），如父母其中一方提出申请，或父母其

中一方去世后任何本条例所订监护人提出申请，或凭借法院根据第（1）款发出的命令对有关未成年人拥有管养权的任何其他人（于父母其中一方去世之前或之后）提出申请，法院可另行发出的一项命令，将上述命令更改、解除、暂时撤销或于暂时撤销后予以恢复。

第十一条　尚存的父母未获监护权由他人充任监护人时法院发出的管养及赡养令

（1）凡法院根据第6（3）（b）（ii）条发出命令，指定某人为某未成年人的唯一监护人，而其尚存的父母则无监护权者，法院可——

（a）在顾及该未成年人的福利后，就下述事宜发出其认为适当的命令——

（i）未成年人的管养；及

（ii）尚存的父母探视该未成年人的权利；及

（b）发出以下一项或多项命令，即——

（i）规定尚存的父母向该监护人支付一笔款项的命令；该笔款项（不论整笔或分期支付）乃用以应付该未成年人的当前及非经常需要，或用以应付此项命令发出前因赡养该未成年人而合理招致的债务或支出，或用以应付上述两者，款额为法院于顾及该尚存的父母的经济状况后认为合理者；

（ii）规定尚存的父母定期向该监护人支付一笔款项的命令；该笔款项乃用于该未成年人的赡养方面，款额为法院于顾及该尚存的父母的经济状况后认为合理者；

（iii）规定尚存的父母向该监护人保证（以令法院满意为准）定期支付一笔款项的命令；该笔款项乃用于该未成年人的赡养方面，款额为法院于顾及该名尚存的父母的经济状况后认为合理者；

（iv）规定尚存的父母将某项财产移转予该未成年人或为该未成年人的利益而移转予该监护人的命令；该项财产须属该名尚存的父母有权享有（不论是管有中的财产或复归财产），且是法院于顾及该名尚存的父母的经济状况后认为合理者；

（v）规定尚存的父母为该未成年人的利益作出授产安排（以令法院满意为准）的命令；该项财产须属该名尚存的父母如此有权享有，且是法院于顾及该名尚存的父母的经济状况后认为合理者。

（2）第（1）款所赋予的权力可随时行使，该等权力并包括将法院前此根据该款发出的命令（规定支付整笔款项的命令，分期支付一笔款项的命令而该等分期支付的款项已悉数支付者，或移转财产的命令除外）更改、解除、暂时撤销或于暂时撤销后予以恢复的权力。

第十二条 共同监护人意见分歧时法院发出的管养及赡养令

如共同监护人中有一人为未成年人的尚存的父母，则法院根据第9条所获赋予的权力包括下述权力——

（a）在顾及该未成年人的福利后，就下述事宜发出其认为适当的命令——

（i）未成年人的管养；及

（ii）尚存的父母探视该未成年人的权利；

（b）发出以下一项或多项命令，即——

（i）规定尚存的父母支付一笔款项的命令；该笔款项（不论整笔或分期支付）乃用以应付该未成年人的当前及非经常需要，或用以应付此项命令发出前因赡养该未成年人而合理招致的债务或支出，或用以应付上述两者，款额为法院于顾及该尚存的父母的经济状况后认为合理者；

（ii）规定尚存的父母定期支付一笔款项的命令；该笔款项乃用于该未成年人的赡养方面，款额为法院于顾及该尚存的父母的经济状况后认为合理者；

（iii）规定尚存的父母保证（以令法院满意为准）定期支付一笔款项的命令；该笔款项乃用于该未成年人的赡养方面，款额为法院于顾及该名尚存的父母的经济状况后认为合理者；

（iv）规定尚存的父母将某项财产移转予该未成年人或为该未成年人的利益而予以移转的命令；该项财产须属该名尚存的父母有权享有（不论是管有中的财产或复归财产），且是法院于顾及该名尚存的父母的经济状况后认为合理者；

（v）规定尚存的父母为该未成年人的利益作出授产安排（以令法院满意为准）的命令；该项财产须属该名尚存的父母如此有权享有，且是法院于顾及该名尚存的父母；

（c）将法院前此根据该条发出的命令（规定支付整笔款项的命令，分期支付一笔款项的命令而该等分期支付的款项已悉数支付者，或移转财产的命令除外）更改、解除、暂时撤销或于暂时撤销后予以恢复。

第十二A条 关于法院为子女发出命令的权力和此等命令的有效期的规定

（1）除第（3）款另有规定外，凭借第（2）款指明的命令须向子女付款或提供付款保证或须为子女的利益付款或提供付款保证的期间，可由提出要求发出有关命令的申请当日或任何较后的日期开始，但该段期间不得超越该子女年满18岁的日期。

（2）为施行第（1）款而指明的命令为—

(a) 根据第10（2）（a）、11（1）（b）（i）、12（b）（i）或13（2）（a）条发出的分期支付一笔款项的命令；

(b) 根据第10（2）（b）或（c）、11（1）（b）（ii）或（iii）、12（b）（ii）或（iii）或13（2）（b）、（3）（a）或（4）条发出的定期付款命令或有保证定期付款命令。

（3）如法院觉得有以下（a）或（b）段的情况，则法院可在第（1）款所提述的命令中就未满18岁的子女包括一项规定，使凭借该命令须向该子女付款或提供付款保证或须为该子女的利益付款或提供付款保证的期间，得以超越该子女年满18岁的日期—

(a) 该子女正在或将会（又或假如法院作出该命令或规定，该子女便会）就读于某一教育机构或接受某一行业、专业或职业的训练，不论该子女是否亦正在或将会受雇从事有实质报酬的工作；或

(b) 有特别情况以致有充分理由作出该等命令或规定。

（4）即使凭借第10（2）（b）、11（1）（b）（ii）、12（b）（ii）或13（2）（b）条发出的任何命令载有任何规定，该命令在根据该命令须付款的人去世时即停止生效，但该命令就在该人去世之日根据该命令须付而未付的欠款而言则继续有效。

第十三条　根据第10条提出申请时法院的司法管辖权及其发出的命令

（1）凡根据第10条提出的申请与未成年人的管养有关，则除第14及15条另有规定外—（由1997年第69号第3条修订）

(a) 如法院在接获该项申请后发出命令，将该未成年人交由某人管养，但又觉得由于情况特殊，该未成年人适宜由一名独立人士监管，则法院可下令该未成年人转由社会福利署署长监管；

(b) 法院如觉得由于情况特殊，令该未成年人交由父母其中一方或任何其他人士看管并不切实可行或不适宜，则可将该未成年人交由社会福利署署长照顾。

(2) 凡法院根据第（1）（b）款发出命令，将一名未成年人交由社会福利署署长照顾，法院可另行发出以下两项或其中一项命令，即一（由1986年第65号第6条修订）

(a) 规定父母其中一方于社会福利署署长照顾该未成年人的期间向该署长支付一笔款项的命令；该笔款项（不论整笔或分期支付）乃用以应付该未成年人的当前及非经常需要，或用以应付此项命令发出前因赡养该未成年人而合理招致的债务或支出，或用以应付上述两者款额为法院于顾及该名父亲或母亲的经济状况后认为合理者；

(b) 规定父母其中一方于社会福利署署长照顾该未成年人的期间定期向该署长支付一笔款项的命令；该笔款项乃用于该未成年人的赡养方面，款额为法院于顾及该名父亲或母亲的经济状况后认为合理者。

(3) 法院在接获根据第10条提出的申请后，如将该宗申请的聆讯押后超过7日，则可发出一项临时命令，有效期至命令内所指明的日期为止，内容包括一

(a) 规定父母其中一方定期向另一方或任何获准管养未成年人的人支付一笔款项；该笔款项乃用于该未成年人的赡养方面，款额为法院于顾及须付款一方的经济状况后认为合理者；及

(b) 任何与管养未成年人有关的规定或与父母其中一方探视该未成年人的权利有关的规定；唯该等规定须基于特殊情况，致令法院认为事属恰当者，始可包括在上述临时命令中，但根据本款发出的临时命令，其有效期由发出的日期起计，不得超过3个月，或由任何前此根据本款就上述申请所发出的临时命令的日期起计不超过3个月，并于最终命令发出时或于申请遭驳回时，停止生效。

(4) 区域法院在接获根据第10条提出的申请时，如根据第23（b）条，以该事件宜交由原讼法庭审理为理由而拒绝发出命令，则区域法院亦可发出该临时命令；但根据本款发出的临时命令的有效期，由发出该命令的日期起计不得超过3个月。

第十四条 有关监管令的其他规定

(1) 凡根据第10条提出的申请与未成年人的管养有关，则除第14及15条另有规定外—

(a) 如法院在接获该项申请后发出命令，将该未成年人交由某人管养，

但又觉得由于情况特殊,该未成年人适宜由一名独立人士监管,则法院可下令该未成年人转由社会福利署署长监管;

(b)法院如觉得由于情况特殊,令该未成年人交由父母其中一方或任何其他人士看管并不切实可行或不适宜,则可将该未成年人交由社会福利署署长照顾。

(2)凡法院根据第(1)(b)款发出命令,将一名未成年人交由社会福利署署长照顾,法院可另行发出以下两项或其中一项命令,即——

(a)规定父母其中一方于社会福利署署长照顾该未成年人的期间向该署长支付一笔款项的命令;该笔款项(不论整笔或分期支付)乃用以应付该未成年人的当前及非经常需要,或用以应付此项命令发出前因赡养该未成年人而合理招致的债务或支出,或用以应付上述两者款额为法院于顾及该名父亲或母亲的经济状况后认为合理者;

(b)规定父母其中一方于社会福利署署长照顾该未成年人的期间定期向该署长支付一笔款项的命令;该笔款项乃用于该未成年人的赡养方面,款额为法院于顾及该名父亲或母亲的经济状况后认为合理者。

(3)法院在接获根据第10条提出的申请后,如将该宗申请的聆讯押后超过7日,则可发出一项临时命令,有效期至命令内所指明的日期为止,内容包括——

(a)规定父母其中一方定期向另一方或任何获准管养未成年人的人支付一笔款项;该笔款项乃用于该未成年人的赡养方面,款额为法院于顾及须付款一方的经济状况后认为合理者;及

(b)任何与管养未成年人有关的规定或与父母其中一方探视该未成年人的权利有关的规定;唯该等规定须基于特殊情况,致令法院认为事属恰当者,始可包括在上述临时命令中,但根据本款发出的临时命令,其有效期由发出的日期起计,不得超过3个月,或由任何前此根据本款就上述申请所发出的临时命令的日期起计不超过3个月,并于最终命令发出时或于申请遭驳回时,停止生效。

(4)区域法院在接获根据第10条提出的申请时,如根据第23(b)条,以该事件宜交由原讼法庭审理为理由而拒绝发出命令,则区域法院亦可发出该临时命令;但根据本款发出的临时命令的有效期,由发出该命令的日期起计不得超过3个月。

域外考察与借鉴

第十五条 有关将未成年人交由社会福利署署长照顾的命令的其他规定

（1）法院在根据第 13（1）（b）条命令将某名未成年人交由社会福利署署长照顾之前，须将拟发出该项命令一事告知署长，并听取署长的申述，包括有关根据第 13（2）条命令有关人士向署长付款的任何申述。

（2）第 10（3）、（4）、19 及 20 条，均适用于根据第 13（1）（b）条发出的命令，或适用于根据第 13（2）条发出规定有关人士向社会福利署署长付款的命令，犹如根据第 13（1）（b）条所发出的命令，与根据第 10 条所发出将未成年人交由父母以外的人管养的命令一样（亦犹如社会福利署署长根据该项命令已合法地获得该项管养权一样），而任何规定向署长付款的命令，亦犹如根据第 10（2）条所发出规定向获得该项管养权的人付款的命令一样。

（3）在根据第 13（1）（b）条就未成年人所发出的命令有效期内，即使父母或其他人提出任何申索，有关未成年人仍须继续由社会福利署署长照顾。

（4）社会福利署署长在凭借法院根据第 13（1）（b）条所发出的命令照顾一名儿童期间，该名儿童的父母或监护人如更改地址，须通知署长；任何人无合理解释而不遵守本款的规定，即属犯罪，可处罚款 MYM500。

第十六条 有关临时命令的其他规定

（1）尽管有《区域法院条例》（第 336 章）第 63 条的规定，任何就法院根据第 13（3）或（4）条所发出的临时命令拟提出的上诉，如仅与支付用于未成年人的赡养方面的款项的规定有关，均不得提出。

（2）第 10（3）及（4）条及第 20 条，适用于此等临时命令，一如其适用于法院根据第 10（1）或（2）条所发出的命令一样。

第十七条 根据第 10 或 14（2）条提出申请时的证据

（1）法院在处理根据第 10 或 14（2）条提出的申请时，如要求社会福利署署长安排该署人员就任何指明事项（该事项乃法院觉得与该宗申请有关者）向法院提供口头或书面报告，社会福利署署长须予遵办。

（2）任何陈述如是或看来是依据第（1）款所提供的报告，须在法院聆讯该宗申请时当庭作出，如属书面陈述，则须当庭朗读。在作出或朗读有关陈述后，法院须随即询问出庭或由大律师或律师代表的法律程序中任何一方是否反对陈述中的任何内容；如有提出反对——

（a）法院须要求作出或看来是作出有关陈述的人员就报告中所提述的事项作证；及

（b）法律程序中的任何一方，可就该人员所作的陈述中或所提出的证据中所提述的任何事项作证或提供证据。

（3）即使任何成文法则或法规对证据的可接受性有何规定，任何根据第（2）款所作出或朗读的陈述及任何根据该款（a）段所提出的证据，如与法院根据第（1）款所指明的事项有关，法院即可加以考虑。

第十八条　监护人的权力

（1）除第（2）款另有规定外，根据本条例所委任的监护人，除充任有关未成年人的人身监护人外，更有监护该未成年人产业的监护人的一切权利、权力及职责，尤其有权以其个人名义，为该未成年人的利益而接收及追讨该未成年人有权接收或追讨的财产，不论该等财产属何性质或位于何处。

（2）第（1）款的规定，并不限制或影响原讼法庭概括委任或为某个目的而委任任何人为未成年人产业的监护人的权力。如该未成年人已有专管其产业的监护人，第（1）款即不适用于根据本条例所委任的监护人。

第十九条　受赡养令规限的人于更改地址时须发出通知

（1）除第（2）款另有规定外，根据本条例所委任的监护人，除充任有关未成年人的人身监护人外，更有监护该未成年人产业的监护人的一切权利、权力及职责，尤其有权以其个人名义，为该未成年人的利益而接收及追讨该未成年人有权接收或追讨的财产，不论该等财产属何性质或位于何处。

（2）第（1）款的规定，并不限制或影响原讼法庭概括委任或为某个目的而委任任何人为未成年人产业的监护人的权力。如该未成年人已有专管其产业的监护人，第（1）款即不适用于根据本条例所委任的监护人。

第二十条　扣押入息以满足命令的规定

（1AA）在本条中——"入息来源"（income source）指须向赡养费支付人支付其入息的人，并包括特区政府；

"扣押令"（attachment order）指根据第（1）款发出的命令；

"指定受款人"（designated payee）就某赡养令而言，指该命令指名获付赡养费的人；

"指明受款人"（specified payee）就某扣押令而言，指该命令指名获付该命令所扣押的款项的人；

"《修订条例》"（Amendment Ordinance）指《2007年扣押入息令（适用于特区政府及杂项修订）条例》（2007年第20号）；

"赡养费支付人"（maintenance payer）就某赡养令而言，指该命令所针对的人。

（1）凡已针对某赡养费支付人发出任何赡养令，而——

（a）（i）法院信纳该支付人无合理辩解而没有支付该赡养令规定须付的任何款项；或

（ii）法院信纳有合理理由相信该支付人不会遵从该赡养令准时足额付款；或

（iii）该支付人及指定受款人均同意根据本条发出命令；及

（b）在须支付予该支付人的任何入息中，有可作扣押者，则法院可按照根据第（6）款订立的规则，命令将该等入息中款额相当于该赡养令规定须付的全部或部分款项扣押，并将扣押所得的款项付予指明受款人。

（1A）为施行第（1）（a）（ii）款，法院在决定是否有合理理由相信有关的赡养费支付人不会遵从赡养令准时足额付款时，须考虑有关个案的所有情况，包括（但不限于）——

（a）在发出任何赡养令之前，该支付人以往对有关的指定受款人履行合理的经济责任的记录及行为；

（b）该支付人以往与依据该赡养令或在任何法律程序中所作的承诺而向该受款人支付赡养费相关的记录及行为；及

（c）该支付人散失其财产的风险。

（2）（由2001年第20号第2条废除）

（2A）法院可在发出赡养令之后（包括在发出或更改该赡养令的同一聆讯中）随时发出扣押令。

（2B）法院可主动发出扣押令，亦可应赡养费支付人或指定受款人提出或两者共同提出的申请而发出扣押令。

（3）扣押令是入息来源按照该命令付款的授权，而指明受款人如收取该款项，即为对该入息来源付款的责任的有效解除。

（3A）在不局限第（1）款的一般性的原则下，该款适用于特区政府须付予赡养费支付人的属工资或薪金的入息，而据此，《官方法律程序条例》（第300章）第23（1）条但书（a）段的规定，不得解释为阻止法院就该工资或薪金发出扣押令。

（4）在不局限第（1）款的一般性的原则下，该款适用于特区政府以外的人须付予赡养费支付人的属工资的入息，而据此，《雇佣条例》（第57章）第66条的规定，不得解释为阻止法院就该工资发出扣押令。

（5）凡——

（a）依据扣押令雇主须扣除其雇员于任何工资期的工资；

（b）该项扣除连同主根据《雇佣条例》（第57章）第32条获授权扣除的该雇员于同一工资期的工资，会超过该雇员就该工资期须获付给的工资的全数，则依据该扣押令须由雇主扣除的款额，须视为予以减少，而减少的款额须足以令致该雇主作出的所有扣除的总额不超过该雇员须就该工资期获付给的工资的全数。

（6）为使第（1）款得以施行，终审法院首席法官可订立其认为必需或适宜的法院规则，而根据本款订立的规则尤可就以下事项订定条文——

（a）在要求发出扣押令的申请内须载有的事宜，以及提交和送达该等申请的方式；

（b）扣押令的遵从；

（c）入息来源的责任；

（d）当扣押令生效时或在扣押令因任何理由而停止生效情况下，赡养费支付人的责任；

（e）向赡养费支付人追讨因遵从扣押令而招致的文书和行政费用；

（f）扣押令的更改或解除；

（g）扣押令的强制执行。

（6A）根据第（6）款订立的规则可赋权法院将该等规则所指明的任何程序免除或放宽其要求或将如此指明的期限缩短，但法院须信纳在有关个案的情况下，如此行事是公平和合理的，方可如此行事。

（7）根据第（6）款订立的规则可规定违反任何规则即构成罪行，可处第2级罚款及监禁1个月。

（8）终审法院首席法官可指明须在或可在第（1）款所指的法律程序中提交的任何文件的格式。

（9）如任何扣押令——

（a）是在《修订条例》生效日期*之前，由法院就特区政府须付予赡养

费支付人的工资或薪金发出；且

（b）在该生效日期当日或之前并无被法院解除或宣布无效，则该扣押令自该生效日期起具有效力，犹如它是根据与第（3A）款一并理解的第（1）款发出的一样。

（10）如—

（a）有人提出申请，要求就特区政府须付予赡养费支付人的工资或薪金发出扣押令；

（b）该申请在紧接《修订条例》生效日期*之前仍然待决；及（c）在该生效日期当日或之前该申请并无扣押令发出，

则该申请须按照经《修订条例》修订后的本条予以裁决。

【司法解释与答复】

最高人民法院　最高人民检察院
关于办理盗窃刑事案件适用法律若干问题的解释

(2013年3月8日最高人民法院审判委员会第1571次会议、
2013年3月18日最高人民检察院第十二届
检察委员会第1次会议通过)

为依法惩治盗窃犯罪活动，保护公私财产，根据《中华人民共和国刑法》、《中华人民共和国刑事诉讼法》的有关规定，现就办理盗窃刑事案件适用法律的若干问题解释如下：

第一条 盗窃公私财物价值一千元至三千元以上、三万元至十万元以上、三十万元至五十万元以上的，应当分别认定为刑法第二百六十四条规定的"数额较大"、"数额巨大"、"数额特别巨大"。

各省、自治区、直辖市高级人民法院、人民检察院可以根据本地区经济发展状况，并考虑社会治安状况，在前款规定的数额幅度内，确定本地区执行的具体数额标准，报最高人民法院、最高人民检察院批准。

在跨地区运行的公共交通工具上盗窃，盗窃地点无法查证的，盗窃数额是否达到"数额较大"、"数额巨大"、"数额特别巨大"，应当根据受理案件所在地省、自治区、直辖市高级人民法院、人民检察院确定的有关数额标准认定。

盗窃毒品等违禁品，应当按照盗窃罪处理的，根据情节轻重量刑。

第二条 盗窃公私财物，具有下列情形之一的，"数额较大"的标准可以按照前条规定标准的百分之五十确定：

（一）曾因盗窃受过刑事处罚的；

（二）一年内曾因盗窃受过行政处罚的；

（三）组织、控制未成年人盗窃的；

（四）自然灾害、事故灾害、社会安全事件等突发事件期间，在事件发生地盗窃的；

（五）盗窃残疾人、孤寡老人、丧失劳动能力人的财物的；

（六）在医院盗窃病人或者其亲友财物的；

（七）盗窃救灾、抢险、防汛、优抚、扶贫、移民、救济款物的；

（八）因盗窃造成严重后果的。

第三条 二年内盗窃三次以上的，应当认定为"多次盗窃"。

非法进入供他人家庭生活，与外界相对隔离的住所盗窃的，应当认定为"入户盗窃"。

携带枪支、爆炸物、管制刀具等国家禁止个人携带的器械盗窃，或者为了实施违法犯罪携带其他足以危害他人人身安全的器械盗窃的，应当认定为"携带凶器盗窃"。

在公共场所或者公共交通工具上盗窃他人随身携带的财物的，应当认定为"扒窃"。

第四条 盗窃的数额，按照下列方法认定：

（一）被盗财物有有效价格证明的，根据有效价格证明认定；无有效价格证明，或者根据价格证明认定盗窃数额明显不合理的，应当按照有关规定委托估价机构估价；

（二）盗窃外币的，按照盗窃时中国外汇交易中心或者中国人民银行授权机构公布的人民币对该货币的中间价折合成人民币计算；中国外汇交易中心或者中国人民银行授权机构未公布汇率中间价的外币，按照盗窃时境内银行人民币对该货币的中间价折算成人民币，或者该货币在境内银行、国际外汇市场对美元汇率，与人民币对美元汇率中间价进行套算；

（三）盗窃电力、燃气、自来水等财物，盗窃数量能够查实的，按照查实的数量计算盗窃数额；盗窃数量无法查实的，以盗窃前六个月月均正常用量减去盗窃后计量仪表显示的月均用量推算盗窃数额；盗窃前正常使用不足六个月的，按照正常使用期间的月均用量减去盗窃后计量仪表显示的月均用量推算盗窃数额；

（四）明知是盗接他人通信线路、复制他人电信码号的电信设备、设施而使用的，按照合法用户为其支付的费用认定盗窃数额；无法直接确认的，以合法用户的电信设备、设施被盗接、复制后的月缴费额减去被盗接、复制前六个月的月均电话费推算盗窃数额；合法用户使用电信设备、设施不足六个月的，按照实际使用的月均电话费推算盗窃数额；

（五）盗接他人通信线路、复制他人电信码号出售的，按照销赃数额认定盗窃数额。

盗窃行为给失主造成的损失大于盗窃数额的，损失数额可以作为量刑情节考虑。

第五条 盗窃有价支付凭证、有价证券、有价票证的，按照下列方法认定盗窃数额：

（一）盗窃不记名、不挂失的有价支付凭证、有价证券、有价票证的，应当按票面数额和盗窃时应得的孳息、奖金或者奖品等可得收益一并计算盗窃数额；

（二）盗窃记名的有价支付凭证、有价证券、有价票证，已经兑现的，按照兑现部分的财物价值计算盗窃数额；没有兑现，但失主无法通过挂失、补领、补办手续等方式避免损失的，按照给失主造成的实际损失计算盗窃数额。

第六条 盗窃公私财物，具有本解释第二条第三项至第八项规定情形之一，或者入户盗窃、携带凶器盗窃，数额达到本解释第一条规定的"数额巨大"、"数额特别巨大"百分之五十的，可以分别认定为刑法第二百六十四条规定的"其他严重情节"或者"其他特别严重情节"。

第七条 盗窃公私财物数额较大，行为人认罪、悔罪、退赃、退赔，且具有下列情形之一，情节轻微的，可以不起诉或者免予刑事处罚；必要时，由有关部门予以行政处罚：

（一）具有法定从宽处罚情节的；

（二）没有参与分赃或者获赃较少且不是主犯的；

（三）被害人谅解的；

（四）其他情节轻微、危害不大的。

第八条 偷拿家庭成员或者近亲属的财物，获得谅解的，一般可以不认为是犯罪；追究刑事责任的，应当酌情从宽。

第九条 盗窃国有馆藏一般文物、三级文物、二级以上文物的，应当分别认定为刑法第二百六十四条规定的"数额较大"、"数额巨大"、"数额特别巨大"。

盗窃多件不同等级国有馆藏文物的，三件同级文物可以视为一件高一级文物。

盗窃民间收藏的文物的，根据本解释第四条第一款第一项的规定认定盗窃数额。

第十条　偷开他人机动车的，按照下列规定处理：

（一）偷开机动车，导致车辆丢失的，以盗窃罪定罪处罚；

（二）为盗窃其他财物，偷开机动车作为犯罪工具使用后非法占有车辆，或者将车辆遗弃导致丢失的，被盗车辆的价值计入盗窃数额；

（三）为实施其他犯罪，偷开机动车作为犯罪工具使用后非法占有车辆，或者将车辆遗弃导致丢失的，以盗窃罪和其他犯罪数罪并罚；将车辆送回未造成丢失的，按照其所实施的其他犯罪从重处罚。

第十一条　盗窃公私财物并造成财物损毁的，按照下列规定处理：

（一）采用破坏性手段盗窃公私财物，造成其他财物损毁的，以盗窃罪从重处罚；同时构成盗窃罪和其他犯罪的，择一重罪从重处罚；

（二）实施盗窃犯罪后，为掩盖罪行或者报复等，故意毁坏其他财物构成犯罪的，以盗窃罪和构成的其他犯罪数罪并罚；

（三）盗窃行为未构成犯罪，但损毁财物构成其他犯罪的，以其他犯罪定罪处罚。

第十二条　盗窃未遂，具有下列情形之一的，应当依法追究刑事责任：

（一）以数额巨大的财物为盗窃目标的；

（二）以珍贵文物为盗窃目标的；

（三）其他情节严重的情形。

盗窃既有既遂，又有未遂，分别达到不同量刑幅度的，依照处罚较重的规定处罚；达到同一量刑幅度的，以盗窃罪既遂处罚。

第十三条　单位组织、指使盗窃，符合刑法第二百六十四条及本解释有关规定的，以盗窃罪追究组织者、指使者、直接实施者的刑事责任。

第十四条　因犯盗窃罪，依法判处罚金刑的，应当在一千元以上盗窃数额的二倍以下判处罚金；没有盗窃数额或者盗窃数额无法计算的，应当在一千元以上十万元以下判处罚金。

第十五条　本解释发布实施后，《最高人民法院关于审理盗窃案件具体应用法律若干问题的解释》（法释〔1998〕4号）同时废止；之前发布的司法解释和规范性文件与本解释不一致的，以本解释为准。

最高人民法院研究室
关于适用刑法第六十五条第一款有关问题的答复

2013年6月19日　　　　　　　　　　　　　法研〔2013〕84号

北京市高级人民法院：

你院《关于适用刑法第六十五条第一款有关问题的请示》（京高法〔2013〕19号）收悉。经研究，答复如下：

行为人在十八周岁前后实施数罪或者数个行为，如其已满十八周岁以后的犯罪为故意犯罪且被判处或者明显应当被判处有期徒刑以上刑罚，而其在刑罚执行完毕或者赦免后五年内，又故意再犯应当判处有期徒刑以上刑罚之罪的，应当认定为累犯。

此复

最高人民法院 最高人民检察院
关于办理敲诈勒索刑事案件适用法律若干问题的解释

(2013年4月15日最高人民法院审判委员会第1575次会议、
2013年4月1日最高人民检察院第十二届检察委员会第2次会议通过)

为依法惩治敲诈勒索犯罪,保护公私财产权利,根据《中华人民共和国刑法》、《中华人民共和国刑事诉讼法》的有关规定,现就办理敲诈勒索刑事案件适用法律的若干问题解释如下:

第一条 敲诈勒索公私财物价值二千元至五千元以上、三万元至十万元以上、三十万元至五十万元以上的,应当分别认定为刑法第二百七十四条规定的"数额较大"、"数额巨大"、"数额特别巨大"。

各省、自治区、直辖市高级人民法院、人民检察院可以根据本地区经济发展状况和社会治安状况,在前款规定的数额幅度内,共同研究确定本地区执行的具体数额标准,报最高人民法院、最高人民检察院批准。

第二条 敲诈勒索公私财物,具有下列情形之一的,"数额较大"的标准可以按照本解释第一条规定标准的百分之五十确定:

(一) 曾因敲诈勒索受过刑事处罚的;
(二) 一年内曾因敲诈勒索受过行政处罚的;
(三) 对未成年人、残疾人、老年人或者丧失劳动能力人敲诈勒索的;
(四) 以将要实施放火、爆炸等危害公共安全犯罪或者故意杀人、绑架等严重侵犯公民人身权利犯罪相威胁敲诈勒索的;
(五) 以黑恶势力名义敲诈勒索的;
(六) 利用或者冒充国家机关工作人员、军人、新闻工作者等特殊身份敲诈勒索的;
(七) 造成其他严重后果的。

第三条 二年内敲诈勒索三次以上的,应当认定为刑法第二百七十四条规定的"多次敲诈勒索"。

第四条 敲诈勒索公私财物，具有本解释第二条第三项至第七项规定的情形之一，数额达到本解释第一条规定的"数额巨大"、"数额特别巨大"百分之八十的，可以分别认定为刑法第二百七十四条规定的"其他严重情节"、"其他特别严重情节"。

第五条 敲诈勒索数额较大，行为人认罪、悔罪、退赃、退赔，并具有下列情形之一的，可以认定为犯罪情节轻微，不起诉或者免予刑事处罚，由有关部门依法予以行政处罚：

（一）具有法定从宽处罚情节的；
（二）没有参与分赃或者获赃较少且不是主犯的；
（三）被害人谅解的；
（四）其他情节轻微、危害不大的。

第六条 敲诈勒索近亲属的财物，获得谅解的，一般不认为是犯罪；认定为犯罪的，应当酌情从宽处理。

被害人对敲诈勒索的发生存在过错的，根据被害人过错程度和案件其他情况，可以对行为人酌情从宽处理；情节显著轻微危害不大的，不认为是犯罪。

第七条 明知他人实施敲诈勒索犯罪，为其提供信用卡、手机卡、通讯工具、通讯传输通道、网络技术支持等帮助的，以共同犯罪论处。

第八条 对犯敲诈勒索罪的被告人，应当在二千元以上、敲诈勒索数额的二倍以下判处罚金；被告人没有获得财物的，应当在二千元以上十万元以下判处罚金。

第九条 本解释公布施行后，《最高人民法院关于敲诈勒索罪数额认定标准问题的规定》（法释〔2000〕11号）同时废止；此前发布的司法解释与本解释不一致的，以本解释为准。

最高人民法院 最高人民检察院
关于办理寻衅滋事刑事案件适用法律若干问题的解释

(2013年5月27日最高人民法院审判委员会第1579次会议、2013年4月28日最高人民检察院第十二届检察委员会第5次会议通过)

为依法惩治寻衅滋事犯罪，维护社会秩序，根据《中华人民共和国刑法》的有关规定，现就办理寻衅滋事刑事案件适用法律的若干问题解释如下：

第一条 行为人为寻求刺激、发泄情绪、逞强耍横等，无事生非，实施刑法第二百九十三条规定的行为的，应当认定为"寻衅滋事"。

行为人因日常生活中的偶发矛盾纠纷，借故生非，实施刑法第二百九十三条规定的行为的，应当认定为"寻衅滋事"，但矛盾系由被害人故意引发或者被害人对矛盾激化负有主要责任的除外。

行为人因婚恋、家庭、邻里、债务等纠纷，实施殴打、辱骂、恐吓他人或者损毁、占用他人财物等行为的，一般不认定为"寻衅滋事"，但经有关部门批评制止或者处理处罚后，继续实施前列行为，破坏社会秩序的除外。

第二条 随意殴打他人，破坏社会秩序，具有下列情形之一的，应当认定为刑法第二百九十三条第一款第一项规定的"情节恶劣"：

（一）致一人以上轻伤或者二人以上轻微伤的；

（二）引起他人精神失常、自杀等严重后果的；

（三）多次随意殴打他人的；

（四）持凶器随意殴打他人的；

（五）随意殴打精神病人、残疾人、流浪乞讨人员、老年人、孕妇、未成年人，造成恶劣社会影响的；

（六）在公共场所随意殴打他人，造成公共场所秩序严重混乱的；

（七）其他情节恶劣的情形。

第三条 追逐、拦截、辱骂、恐吓他人，破坏社会秩序，具有下列情形之一的，应当认定为刑法第二百九十三条第一款第二项规定的"情节恶劣"：

（一）多次追逐、拦截、辱骂、恐吓他人，造成恶劣社会影响的；

（二）持凶器追逐、拦截、辱骂、恐吓他人的；

（三）追逐、拦截、辱骂、恐吓精神病人、残疾人、流浪乞讨人员、老年人、孕妇、未成年人，造成恶劣社会影响的；

（四）引起他人精神失常、自杀等严重后果的；

（五）严重影响他人的工作、生活、生产、经营的；

（六）其他情节恶劣的情形。

第四条 强拿硬要或者任意损毁、占用公私财物，破坏社会秩序，具有下列情形之一的，应当认定为刑法第二百九十三条第一款第三项规定的"情节严重"：

（一）强拿硬要公私财物价值一千元以上，或者任意损毁、占用公私财物价值二千元以上的；

（二）多次强拿硬要或者任意损毁、占用公私财物，造成恶劣社会影响的；

（三）强拿硬要或者任意损毁、占用精神病人、残疾人、流浪乞讨人员、老年人、孕妇、未成年人的财物，造成恶劣社会影响的；

（四）引起他人精神失常、自杀等严重后果的；

（五）严重影响他人的工作、生活、生产、经营的；

（六）其他情节严重的情形。

第五条 在车站、码头、机场、医院、商场、公园、影剧院、展览会、运动场或者其他公共场所起哄闹事，应当根据公共场所的性质、公共活动的重要程度、公共场所的人数、起哄闹事的时间、公共场所受影响的范围与程度等因素，综合判断是否"造成公共场所秩序严重混乱"。

第六条 纠集他人三次以上实施寻衅滋事犯罪，未经处理的，应当依照刑法第二百九十三条第二款的规定处罚。

第七条 实施寻衅滋事行为，同时符合寻衅滋事罪和故意杀人罪、故意伤害罪、故意毁坏财物罪、敲诈勒索罪、抢夺罪、抢劫罪等罪的构成要件的，依照处罚较重的犯罪定罪处罚。

第八条 行为人认罪、悔罪，积极赔偿被害人损失或者取得被害人谅解的，可以从轻处罚；犯罪情节轻微的，可以不起诉或者免予刑事处罚。

最高人民检察院
关于对涉嫌盗窃的不满 16 周岁未成年人采取刑事拘留强制措施是否违法问题的批复

高检发释字〔2011〕1 号

(2011 年 1 月 10 日最高人民检察院第十一届
检察委员会第五十四次会议通过)

北京市人民检察院：

你院京检字〔2010〕107 号《关于对涉嫌盗窃的不满 16 周岁未成年人采取刑事拘留强制措施是否违法的请示》收悉。经研究，批复如下：

根据刑法、刑事诉讼法、未成年人保护法等有关法律规定，对于实施犯罪时未满 16 周岁的未成年人，且未犯刑法第十七条第二款规定之罪的，公安机关查明犯罪嫌疑人实施犯罪时年龄确系未满 16 周岁依法不负刑事责任后仍予以刑事拘留的，检察机关应当及时提出纠正意见。

此复